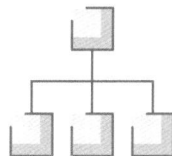

桓佳笈　著

玩转DISC
做职场与人生的赢家

上海交通大学出版社

SHANGHAI JIAO TONG UNIVERSITY PRESS

内容提要

本书从行为心理学的角度切入，介绍了如何运用"DISC"这一行为风格测评工具了解自我、认识他人，进而对自身的行为方式做出调适。作者以理论注解和案例相配合的形式详尽解析了D、I、S、C四种行为风格类型的划分标准和特征，并进一步针对人际沟通、压力管理、职业选择、婚姻关系、子女培养等几大主题，为每一类别特征的人群提供了具体的建议，并辅以多种练习和测评实例，意在帮助读者借助这一心理认知的工具，在人际交往、职业规划等人生"课题"中实现更好的自己。

图书在版编目（CIP）数据

玩转DISC：做职场与人生的赢家 / 桓佳笈著. —
上海：上海交通大学出版社，2018（2024重印）
ISBN 978-7-313-19742-9

Ⅰ.①玩… Ⅱ.①桓… Ⅲ.①性格测验 Ⅳ.
①G449.6

中国版本图书馆CIP数据核字（2018）第159158号

玩转DISC——做职场与人生的赢家

著　　者：桓佳笈
出版发行 上海交通大学出版社　　　　　　　　地　　址：上海市番禺路951号
邮政编码 200030　　　　　　　　　　　　　　电　　话：021-64071208
印　　制：上海万卷印刷股份有限公司　　　　　经　　销：全国新华书店
开　　本：710mm×1000mm　1/16　　　　　　印　　张：11.5
字　　数：159千字
版　　次：2018年7月第1版　　　　　　　　　印　　次：2024年3月第8次印刷
书　　号：ISBN 978-7-313-19742-9
定　　价：58.00元

在香港大学 SPACE 中国商业学院的课堂上，我们一直提醒在职的同学，不要像以往一样，采取死记硬背的方式去学习。应该要有目的地去学习，因为只有这样，才能够真正做到"学以致用"。

佳笈的新书就是她多年来一边学习 DISC，一边消化和总结之后的心得体会。她选用了不同的例子、图像，包括西游和三国的人物，把抽象的概念用简单明了的文字阐述给读者——性格与行为的分别，不同的测评工具之间的差异，DISC 行为风格的分析、调适和运用等。她也告诉我们她的心得，例如从 DISC 引发的人生小感悟，四个快速辨别 DISC 的攻略图等等。

佳笈这本书的一个特别之处在于，在同一本书里，她为想要了解自己和他人 DISC 行为风格特质的读者同时提供了"基础"和"进阶"两个学习模式。如果读者希望快速了解 DISC 的应用，她为读者准备了简洁明了的分析表，说明 DISC 在个人的工作和生活中是如何应用的。如果读者希望深入了解并通过 DISC 来调适自己的行为，书中则有详细的解释、引导，并提供多种练习，甚至有专业版的测评报告及一些测评报告的分析供读者研习。

我相信看过佳笈新书的读者会感到书中有一种触发的效应（trigger effect），会感受到我们真的有必要关注自己或身边人的行为特质，甚至主动采取行动来进行调适，实现更美好的生活。

骆松森
香港大学 SPACE 中国商业学院
高级课程主任、学院首席讲师

前阵子有位老师对我说，他认为做研究永远都没有最好，只有更好，所以一直到交稿或者上课前的最后一刻，他都会不断完善，追求把更好的东西呈献给读者和学员。这位老师还跟我说过，能不能把学生教会，就在于老师想不想和有没有能力把学生教会。

老师的这个观点我是非常认同的，这也是为什么这本书我写了改，改了又改，前前后后用了差不多三年时间，因为总觉得自己写得不够好，毕竟自己学习或者教学，和将同样的内容通过文字呈献给读者还是有很大的差异的。

在此期间，我一次又一次地请教了很多位老师，翻阅了各种各样相关的资料，也花了不少时间翻译一些国外的资料，就是希望可以写出一本相对精准度高，简单易懂，实用性又强的书呈献给翻看这本书的读者。

在人的一生中，我们需要很多的知识去提升自己的人生智慧，并用多年积累的智慧去化解人生中遇到的每一个问题，这是我们每一个人在人生修炼中的不二法则。我希望这本书在一定程度上可以帮助你借助DISC这个工具，更好地认识自己，也更好地认识你身边的人，从而提升你在生活和事业上与人相处的能力，遇见更好的自己。

这本书作为一本DISC的入门书籍，并未就报告解读方面做太多的深入。选择DISC这个工具，是因为DISC是一个比较容易入门，又可以不断深入的工具；也因为DISC呈现的是我们行为层面而非性格层面的特质，行为相对于性格来说，更容易受到当下环境的影响而发生变化，因此也更容易进行调适和改变。在我们的人际交往过程中，如果你能调适出让对方更容易接受的行为模式，相信这对你的生活和工作都会有很大的帮助。关于这一点，我会在书中进一步讲解。

在本书基础知识的篇章中,我为大家在每一章节的最后整理了学习重点,帮助大家快速回顾和复习本篇章中所学的重点知识。当然,成人的学习不是简单的是非题,它会有很多种的见解和可能性。所以我非常欢迎各位读者发邮件(feeling_huan@qq.com)与我探讨交流,提出宝贵的建议与意见。

本书能够顺利出版,我要感谢每一位提供相关测评工具资料的授证老师(赖凌云提供PDP,性格测评分类各因子转换可能存在的潜在原因部分,熊珏提供 Ture Colors 部分,朱来法提供 MBTI 部分,以及一位不愿意在书中提及她姓名的老师提供 PDP 部分),感谢每一位帮我写推荐语的老师,感谢每一位在我生命中帮助过我的亲人和伙伴,同时也非常感谢英国 AXIOM 公司,DISC 行为科学中心授权在本书中向读者展示 Discus® 的 DISC 专业版测评报告 (Discus® 测评报告版权仍归英国 AXIOM 公司所有),感谢上海交通大学出版社帮助我一同出版这本图书。

最后,我还要感谢阅读这本书的你,感谢你选择了这本书,我衷心希望这本书可以帮助你,陪伴你遇见更好的自己……

CONTENTS 目 录

进　阶　篇

基础篇 玩转DISC

第一章
正确看待性格和行为

今天为师来给你们讲讲
"正确看待性格和行为"

第一节　跳出固有思维看性格

不知道大家有没有在网络上、课堂上或者其他场合看过一些心理学的图片,比如"旋转女舞者""老妪与少妇""瓶子与海豚""梯形幻觉""米勒·莱尔幻觉"? 每一次我在课堂上分享这些图片的时候,大家的第一反应都不一样。

这些有关心理学的图片,可以的话找几个小伙伴一起看吧。

请记得要先看图,之后再作答,最后再看答案。

◉ 实验一　旋转女舞者

（这是一幅动态图,请上网搜索查看哦）

问题:请问你和你的小伙伴看到的是向左转,还是向右转?

答案:如果你们是好几位小伙伴一起看,有人看到的是向左转,有人看到的是向右转,还有人既可以看到向左转又可以看到向右转?

观点:在这里,我并不是要和你研究为什么会产生这样的结果,而是想让你真真切切地体会到,即使在同一时间、同一空间,不同的人去观察同一事物或看待同一件事情,所看到的结果也可能是不一样的。

◉ 实验二　老妪与少女、瓶子与海豚

问题：请问你和你的小伙伴，第一眼看到的是老妪还是少女，瓶子还是海豚？

答案：我相信答案也是不一样的吧。有人第一眼看到的是老妪，有人看到的是少女。尤其是"瓶子与海豚"这幅图，成年人往往看到的是一对拥抱的情侣，而小朋友看到的往往是9只海豚。

观点：当然类似的图还有很多，在这里，我想跟你分享的是：很多时候，关注点和注意力在哪里，结果就在哪里。其实很多时候，相同的人和事，你和其他人看到的可能并不一样。这是我们的思维习惯不一样、关注的点和角度不一样造成的，并非所看到的人和事本身不一样。

● 实验三 梯形幻觉

问题：下面的图中，是碗底长一些，还是杯沿长一些？

我猜想有人会想去找尺，找比对的参照物，但请用你的眼睛看哦。

答案：其实碗底和杯沿一样长。只是碗底＞90°的角使得它包含的边看上去长一些，杯沿＜90°的角使得它包含的边看上去短一些。

观点：俗话说"耳听为虚，眼见为实"，其实"亲眼看见的，有时候也并不一定是真的，也有可能会是错觉或者假象"，如果你现在还是不信，可以拿尺再去量一下。虽然我已经量过了，但是我相信一定还是有人会亲自实践的，当然也一定会有人选择相信我，因为人和人的思维方式、行为模式本来就是不一样的。

以上这三个小实验有没有让你看到更多的可能性？很多时候，我们如果可以跳出固有思维，以"空杯"心态去学习，就能从更多新的角度看待问题了。

其实看待性格和行为也是如此，希望你可以尝试从更多的角度去看待人的"性格"和"行为"，即使这些角度原本在你看来是不可相信或是无比荒诞的。当然这样的多角度思维方式也可以延伸到其他的事情上，延伸到我们的生活和工作之中。

第二节　性格和行为间的关系

其实在性格和行为这两个小伙伴的家庭关系里，不止他们两个角色，还有人格（个性）、气质和当下环境这些伙伴。

人格

心理学上的人格，与我们平时所说的人格不同。心理学中，"人格"一词起源于拉丁文的"面具"（Persona），有的心理学研究者将之与"个性"同视。后来也有人将其解释为"表现一个人内外属性的总和"。现在对人格的说法也并不完全统一。比较常见的说法是，人格是由气质（天生的部分）与性格（后天的部分）组成的。

由于心理学从国外引入时翻译的问题，人格很多时候被翻译成性格，也因此被理解为我们生活中常说的性格。

给大家一个公式,这样大家就容易记忆了:人格(个性)=气质+性格。

气质

与生俱来的意愿(喜恶)及倾向性的一种反应或表现形式。

性格

性格是人们对现实世界,如周围的人、事、物及环境等比较稳定的看法、态度及反应。性格与一个人成长中的家庭环境、社会环境、接受的教育等因素也密切相关,因此其实也包含了地域文化、社会道德、家庭观念等成分。

一个人的性格主要体现在这个人对自己、他人以及事物的看法、态度和反应上。

举个例子:

简单来说,气质就好比一台电脑的硬件,你买来的时候它的配置就已经是那样了。性格就好比软件,你根据使用环境的需求为这台电脑安装各种各样不同的软件。最后,硬件(气质)和软件(性格)相结合,就成为你面前这台完整的电脑(人格/个性)了。

行为

行为是个体表现出来的外表活动,如语言、动作、表情等。

行为表现出来的不一定是真实的人格(也就是我们平时所说的性格),它既可能是真实人格的表现,也可能是受当下环境(社会道德、文化、教育、家庭、他人要求等)影响后的综合表现。

在大部分情况下,人的行为是受人格和当下环境等综合影响后所作出的行为表现。

为了帮助大家理解,我自创了两幅"人格行为关系模型图"。如果你是女士,请看下面这张图。如果你是男士,请跳过这张适用于女性的人物关系图,直接看下一张图。

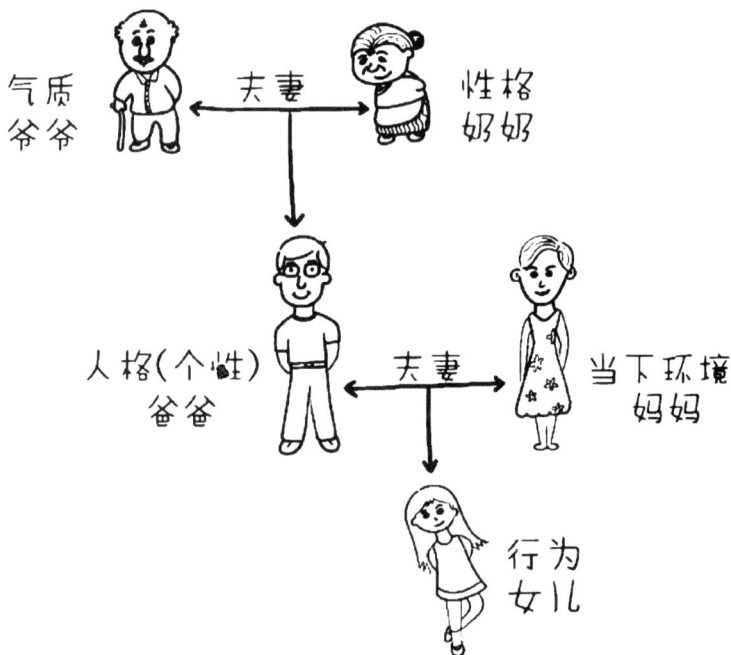

在一个家族里，假设：

气质是爷爷，他就好比一个顽固不化的老古板，生来就偏脾气，从不改变。

性格是奶奶，她似乎年轻的时候上过学堂，所以对于人、事、物有一些她自己的看法和观点。

人格是爸爸，他遗传了爷爷和奶奶的基因，身上既有爷爷的样子，又有奶奶的影子。

当下环境是妈妈，她是典型的上海女人，时而温柔体贴，时而闹闹小性子，心情总是阴晴不定。

行为是女儿，她骨子里继承了爸爸的个性，却也每天受到妈妈百变心情的影响，你看到的她只是表面上的她，姑娘的心思怎么也猜不明白。

男士请看下面这张符合男性思维和逻辑思维的简单图表：

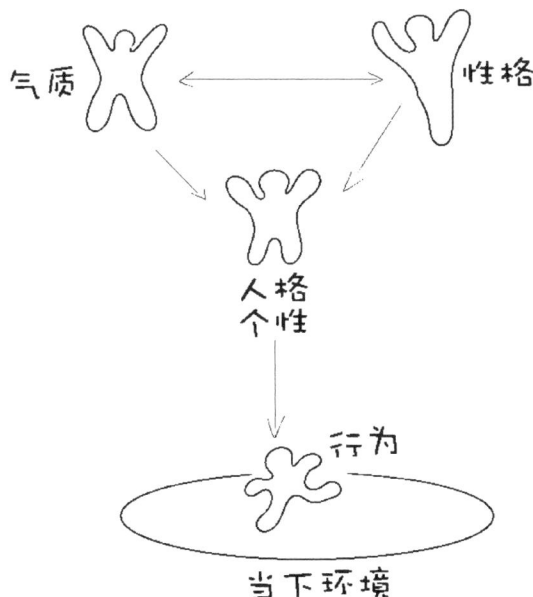

了解了个中关系之后，我们是不是发现，其实气质、性格、人格（个性）是不能或者相当难以改变的，而与之相比较，行为的调适和改变就容易得多。

荣格也提出,每个人来到这个世界上的时候就是带着他与生俱来的特质和倾向性的。比如有些人习惯用右手,有些人习惯用左手。这些天生的特质是父母给你的,它是随着你一起来到这个世界上的,你没有办法抹灭它。

相比之下,你的行为是更容易改变的

比如有些习惯用左手的人,小时候在家长和老师的要求下开始用右手写字;但是在其他没有人要求的情景下,他可能还是会使用他习惯的左手。

学习性格或行为类的工具,就是借助工具帮助你认知你的气质、性格与行为风格等,从而使你在今后与人相处的过程中,可以根据环境和沟通对象的需求,适度调适你的行为,提升你与人相处的能力。

你的行为也是会受环境影响的

这里所说的环境,并不单单指狭义上外部的环境,还包括了风土人情、文化、教育、家庭、他人影响、个人经历、突发状况等多种外部环境因素。比如,有的人平时温文尔雅,但当有歹徒威胁到他孩子生命的时候,他也许会抄起家伙和歹徒拼命。或者说,人在经历晋升、转岗、从学校步入社会、搬迁、失业、失恋、离婚等阶段之时或之后的很长一段时间,他的行为都很容易受到这些因素的影响。这些影响可能是一时的,也可能会是一生的。而我们每一个人,在10岁、20岁、30岁、50岁、80岁的时候,因为人生的经历不同,行为风格也会不同。

因为受到这些外界因素的不断影响,所以人的行为风格并不是一成不变的,这也就是为什么你当下的行为测评报告可能和你一年前或是几年前测出来的结果不一样,甚至大相径庭。当然,如果你的生活和工作在近来或者这些年内都没有什么变化,你的情绪和心境也一如既往,那么你的测试结果也可能没有太大的变化。

知道怎么做 ≠ 做到你所想

学习测评工具是为了帮助我们加深对自己的认知,同时客观地去面

对自己行为风格的优势和不足,继而进行修炼,提升我们在人际交往中的魅力。

只是很多时候,虽然我们知道该怎么做,可做的时候还是会受到感情和情绪等因素的影响,因此行为会偏离理性的轨道。比如你明明知道应该好好跟孩子说话,可是当他犯错误的时候,你就控制不住自己的情绪,暴跳如雷;你明明想要勇敢地做决定,可是一到该做决定的时候又开始犹豫不决……这就是为什么我们需要修炼,因为很多时候,即使你知道该怎么做,也不等于你就可以做到你所想的。

行为和个性在冰山理论中的关系

在冰山理论中,冰山下是本我的部分,也就是人格(个性)的部分,当然还包括动机、思维、价值观、内心渴望,等等。冰山上是自我与超我的部分,也就是行为的部分。

有些时候,我们可以通过一个人呈现在冰山上的行为,去推断冰山下的部分。例如心理学家对微表情或者肢体语言背后隐藏的可能性的推测。比

如揉鼻子可能表示想掩饰真相，看时间表示赶时间或者不感兴趣，等等。再生活化一点的情境就是，比如一个人吃东西，我们可以推断他可能是饿了，也可能是嘴巴馋了。一个人出门前会反复检查会不会落下东西，可能这个人做事情认真谨慎，也可能是缺乏安全感，等等。

所以，同一个行为背后，可能隐藏着不同的动机。当然不同的行为背后，也可能会有同样的动机。比如你失恋了，你妈妈可能会给你买一堆好吃的安慰你，而你爸爸可能会帮你分析问题找到原因，虽然他们两个人的行为不同，但行为背后的动机却是相同的，那就是都在关心你。

为了帮助大家更好地理解本我、自我和超我，我就用吃饭这件事来举例说明。

举个例子：

本我——你一个人在家，在你面前有一堆美食。因为你在家，而且是一个人在家，所以不受任何约束，你完全可以自己做主（除非你想减肥）。于是你可以穿着睡衣，不用筷子，右手抓着鸡爪，左手又抓一把薯片，嘴巴里还含着吸管喝着奶茶；可以坐在沙发上吃，也可以坐在地板上吃，吃完了还可以吮吮手指头……反正怎么开心怎么吃。

自我——领导带着你请客户吃饭，让你先去安排。虽然你肚子很饿，但是你不好意思先点几个菜吃吃。好不容易等到客户和领导都到齐了，大家纷纷入席，可是领导和客户还在寒暄，没有动筷，你就不好意思先动筷。又好不容易等到开吃了，你得把菜转到客户和领导面前让他们先夹，最后千呼万唤菜终于到了你的面前，可是你还不好意思狼吞虎咽，只能假装秀气地小筷夹菜、小口吃饭。

超我——用弗洛伊德道德理论来理解，就是你明明饿得快昏过去了，饥寒交迫、身无分文，你路过一个卖馒头的小摊，老板正好走开了，你认为偷窃是可耻的，于是你宁愿饿死，也不愿意顺手牵羊去偷一个馒头。用我的"高尚的爱"的理论来理解，就是在闹饥荒的年代，只有半个馒头，母子俩都要饿死了，然后妈妈把半个馒头省给孩子，宁愿自己饿死。

第三节　个性和行为没有好坏

每一种个性和行为风格都有它的优势和不足，它是一把双刃剑

常常会有人问我："老师，什么样的个性比较好？"其实个性和行为并没有好坏，每一种个性和行为都有它的优势和不足。正所谓"水能载舟亦能覆舟"，你运用得好，它就能帮助你，运用得不好，它就会害了你，这是一把双刃剑。这个我们会在后文"DISC行为风格四型解析"中借用《三国演义》的人物做详细的讲解。

举个例子：

比如，有一个姑娘，她温柔、美丽又体贴，你对这个姑娘还挺有好感的。同时姑娘还很乐于助人，你觉得这姑娘的个性好不好？如果碰巧这个姑娘似乎还对你有那么一点意思，单身的你，追还是不追呢？

大部分人会说当然追啊。不过这时候你可能还有点犹豫，所以你想再听听别人的意见。然后你几番打听和考证后发现，基本上大部分和这姑娘有接触的人都对这姑娘评价不错，说她脾气好、乐于助人……甚至有人让你抓紧机会，机不可失，时不再来。

然后单身的你终于按捺不住，开始约姑娘吃饭、喝茶、看电影……在整个过程中，你发现这姑娘真是不错，温柔体贴还不做作。于是你决定带她回去见家长，姑娘对你家亲亲眷眷也都是温柔、细心、体贴，个个都照顾得很周到。

这时候你是不是觉得你找到了世界上最好的姑娘？突然有一天，你发现自己的女朋友并不是只对你一个人好，她的个性就是对谁都这么温柔体贴，乐于助人。请问此时此刻，你做何感想？你还丝毫不动摇地觉得这姑娘的个性很好吗？抑或许此时的你虽然开始有所疑惑，但还是觉得能觅到这样一个姑娘不容易，再看看吧。又过了一阵子，你发觉姑娘虽然对你这个男朋友有不一样的情愫，但是对其他男性也一样细心，在其他男性需要帮助的时候，她也一样乐于助人。当然，你也知道这并不是因为姑娘和别人有什么，而是姑娘的个性就是这样的。那么，事情发展到这个时候，你觉得这姑娘的个性是好还是不好，这姑娘你是娶还是不娶呢？

再举个例子。有个妈妈生了两个孩子，大儿子像她一样温文尔雅，小儿子则像爸爸喊打喊杀。正常情况下，我们会觉得大儿子好，对不对？过年前几天，家里准备多买一些菜在春节期间宴请宾客，两个孩子被他们的妈妈抓去菜场当苦力。母子三人买了一堆东西，人手大包小包，穿梭在人群里。"×××，走路没长眼睛撞了老子啊？"原来妈妈不小心撞到了一位彪悍大叔。彪悍大叔立马破口大骂，还举起了拳头。这时候老大胆小懦弱，瞬间躲到了一旁，而老二挺身而出挡在了妈妈面前，准备保护妈妈……这时候，你觉得是老大的个性和行为风格比较好，还是老二的个性和行为风格比较好呢？

通过这两个例子，希望你可以了解并思考：其实每种个性和行为风格都有它的优势和不足，我们要懂得如何合理地管理和运用它们，这就是我们要了解自己的个性和行为风格，还要学习如何调适自己的行为风格的很重要的原因之一。

第四节　本章知识点回顾与学习笔记

即使在同一时间、同一空间，不同的人看待同一事物或同一件事情，所看到的也很可能是不一样的！

很多时候，关注点和注意力在哪里，结果就在哪里。

我们需要接受一些新的事物，跳出固有思维，以"空杯"心态去学习。

人格（个性）＝气质＋性格

你的行为,是会受到当下环境影响的。

其实气质、性格、人格(个性)是不能或者相当难以改变的,与之相比,行为的调适和改变就容易得多。

知道怎么做 ≠ 做到你所想

同一个行为背后,可能隐藏着不同的动机。当然不同的行为背后,也可能有同样的动机。

在冰山理论中,冰山下是本我的部分,也就是人格(个性)的部分,当然还包括动机,思维,价值观,内心渴望等。冰山上是自我与超我的部分,也就是行为的部分。有些时候,我们可以通过一个人呈现在冰山上的行为,去推断冰山下的部分,例如心理学家对于微表情或者肢体语言背后隐藏的可能性的推测。

个性和行为并没有好坏,每一种个性和行为都有它的优势和不足。正所谓"水能载舟亦能覆舟",你运用得好,它就能帮助你,运用得不好,他就会害了你,这是一把双刃剑。我们要懂得如何合理地管理和运用它们。

第二章
借助外力认识你我他

外力，简单来说，就是人或事物本身之外的力量。

师父，什么叫外力？

师父，我知道，比如像其他人的帮助。

师父，我也知道，比如像使用工具。

外力

第一节　如何看待测评工具

先来看一下，什么是工具？

工具就是使用它可以帮人更好或者更容易地完成一件事，比如筷子、勺子、刀叉……有了这些工具，吃饭就方便很多。

而同一个工具也不是用在每一个地方都合适，也不是每一个地方用工具都方便。比如刀叉就不适合用来喝茶。当然也有些地方必须要用工具，比如炒菜、煮汤、烧水……

测评工具又是什么呢？

● 任何测评工具，都应该成为帮助我们更好地了解自己与理解他人的良师益友，而永远都不应该被用作掌控他人的工具。

● 任何测评工具都无关人品问题，个性和行为的表现与这个人的道德品质好不好没有绝对关联。

● 任何测评工具，都只是反映个性特征或行为特征的工具，每一个个性或行为都有它的优势和不足，不存在这个好，那个不好之说。所以不要骄傲或看低自己，也不要羡慕或看不起别人。

● 任何测评工具，都不应该成为我们给他人贴标签和为自己找理由的借口。之后在书中我们会提到，不管你使用哪一个测评工具，我们每一个人都是同时拥有了各种特质的，所以希望大家在学习之后，再也不要用"我性格就是这样的"来给自己找借口。有人会说，要改变几十年的习惯很难，我学了还是改不了啊。举个例子吧，比如说你去医院看病，医生给你诊断了，开了药。然后你说，这药太苦，我吃不下去啊。如果你怕苦不配合，那医生也是无能为力的。

● 任何测评工具都只能作为参考，不能作为单一判定一个人或判定一件事的依据。把它作为生活或工作中单一的判定依据（比如决定一个候选人是否录用、晋升）都是不合理的。

- 任何测评工具，都只是帮助你更好或者更有效地去完成一件事，而不是替你完成任务。比如说，你买了一套锅碗瓢盆，你不能指望着锅碗瓢盆自己能做出一桌丰盛的美味佳肴。你还是得学习烹饪，自己动手，好的锅碗瓢盆只是帮助你更容易做出一桌美味佳肴。测评工具也是一样，你不能指望有了它你就能一眼辨认出所有人的个性或者行为特征，帮你驰骋人生和职场。你要学习，并不断使用它进行练习，它只是能帮助你更容易、更好地了解自己和他人而已。

- 任何测评工具，都需要在学习之后正确地使用，不正确的操作，很容易引发问题。就好像你生病了或者想要调理身体，你得去看医生，不管是吃西药还是吃膏方，你得遵从医嘱，凭感觉或靠百度给自己胡乱吃药是行不通的。

- 任何测评工具都不是测谎仪。有人曾经和我说，我做测评的时候故意选和我个性相反的，结果系统和测评师都没看出来。这就好比你去看病，医生问你哪不舒服，你明明天天晚上喝咖啡，你偏不告诉医生，你跟医生说我最近失眠，可我也不知道为什么，医生给你开了点安眠药，你回头跟人说这个医生水平不行，我喝咖啡晚上睡不着他都没看出来。

第二节 被玩坏了的测评工具

一说到测评工具，很多人会认为它不科学。我们不得不承认测评工具被一些人玩坏了，比如网上的娱乐版、一些未经学习或略知皮毛却自称是专家的人进行的不科学的宣传……

测评工具需要科学合理地使用

首先，专业版的测评工具都是有庞大的数据库为依据的。就测评工具而言,除了全球的数据样本量以外,本土化的样本量同样很重要,因为每个国家的文化也是有差异的。在前文中我们讲过,一个人的人格和行为是会受环境影响的,而所谓的环境也包含了文化。由于每个国家的文化存在一定的差异,那么必然人格和行为也会受到影响,并产生一定的差异了。

其次,从网上获得的免费网络版和收费的专业版测评结果也一定是不一样的。网络版通过手工简单运算出来的结果之于专业版经过计算机程序复杂运算出来的结果就像速冻牛排之于产地直送的和牛。而未经专业授证测评师的引导和分析,就像未经五星级酒店大厨之手的烹饪。虽然你最后吃到的东西都叫牛排,但是口感一定是不一样的。当然,我们也不排除业余选手中也有高手,而授证测评师中也有并不那么专业的专家,但这毕竟是小概率事件。虽然我个人认为使用专业版测评工具和有授证测评师的引导一定是好的,但我也不否认通过自行学习,获得正确的认识后,合理地使用免费的网络版,其结果也是有一定参考性的,也可以有助于简单地了解自己,只是信效度与专业的相比有所差异。不过,如果是面对高考前的专业选择、职业生涯的规划、重要岗位的招聘晋升等,需要深度认知自我,我还是会建议大家使用专业版测评,并邀请专业人士进行解读,出具分析报告。

最后,有些所谓的专业人士,为了体现自己的博学多才,硬要把市面上的测评捣成一锅大杂烩,于是就出现了那个奇葩的DISC、FPA(性格色彩)和PDP的大杂烩,每次遇到这样的问题,总是让我哭笑不得。所以我实在忍不住要在这本书里告诉你,事实不是这样子的。

第三节 教练式引导逐步改变

教练引导技术

"光说不练假把式",所以在这本书中,我引用了一些教练技术,通过有引导性的提问、习题、行为改变计划跟进表等多种方式的练习,帮助你进行思考,并借助具有时间性的计划表,督促你将自己的行为改变计划付诸行动。

教练引导技术是一项通过改善被教练者的心智模式来激发其潜能,帮助其提升效率的管理技术。接受教练的目标在于追求内心的变化和成长,这种结果在正直、健康并拥有强大能量场的人身上会体现得更明显。而引导技术能更多地引发读者和学员更全面、更多角度的自我思考,帮助大家更深层次地进行自我探索和理解他人。

成年人的学习方式和青少年不同

成年人的学习方式和青少年有所不同,成年人有比青少年更为丰富的人生阅历,有自己更为独立的思考能力。所以这本书在分享知识的同时,也设计了不少独自思考和寻求伙伴帮助的环节,希望这些环节的设计可以帮助你静下心来去沉淀,通过思考体悟、与他人沟通、听取他人建议、再度思考、进行自我调整等方法,能够更清晰、更深入地认识你自己。同时也希望你能够提升对他人的敏感度,对你身边的人有更多的理解,在与他们相处时变得更为舒适、自如和愉悦。

在书中很多地方,我也设计了笔记的部分,让大家在学习的时候可以随时把自己的观点和体悟记录下来。

使用这本书的5个重要步骤:

(1)给自己设定一个学习的期望或者小目标;

(2)认真思考,积极参与到学习中来;

(3)在工作和生活中进行实践;

(4)将实践的感受和结果与书本中的内容进行结合、思考、分析;

(5)通过以上4个步骤的不断修正、学习和实践,解锁属于自己的自我调适和识人技能。

学习提示:

由于我们每个人的经历不同,所以对相同的人、事、物的理解和看法以及关注的重点也会不同，因此你不用担心为什么你和别人的见解不一样。当你与别人的见解不同时，可以多与他人讨论和交换看法，因为这样的沟通本身也是一种很好的拓展视野和思维角度的方法，而这本书的目的就是帮助你从更多不同的角度去看待人、事、物。

第四节　本章知识点回顾与学习笔记

什么叫工具？工具就是用了这个东西能帮你更好或者更容易地完成一件事；如果没有它，那事也不一定干不成。

任何测评工具，都应该是帮助我们更好地了解自己与理解他人的良师益友，而永远都不应该被用作掌控他人的工具。

任何测评工具都无关人品问题，个性和行为的表现与这个人道德品质好不好没有关系。

任何测评工具，都只是反映个性特征或行为特征的工具，每一个个性或行为都有它的优势和不足，不存在这个好、那个不好之说。

任何测评工具，都不应该成为我们为他人贴标签和为自己找理由的借口。

任何测评工具，都只能作为参考，不能作为单一判定一个人或判定一件事的依据。

任何测评工具，都只是帮助你更好或者更有效地去完成一件事，而不是替你完成任务。

任何测评工具，都需要在学习之后正确地使用，不正确的操作，很容易引发问题。

任何测评工具，都不是测谎仪。

测评工具需要科学合理地使用。

使用这本书的5个重要步骤：

（1）给自己设定一个学习的期望或者小目标；

（2）认真思考，积极参与到学习中来；

（3）在工作和生活中进行实践；

（4）将实践的感受和结果与书本中的内容进行结合、思考、分析；

（5）通过以上4个步骤的不断修订、学习和实践，获得属于自己的感悟。

第三章
常见的测评工具有哪些

为师给你举个例子，就像你的钉耙、你猴哥的金箍棒。

俺老孙没有金箍棒也一样可以打妖怪！

师傅，什么叫工具？

不过，大师兄，我觉得有金箍棒你打妖怪会更厉害！

第一节　测评工具到底哪个好

常常有人问我,市面上这么多的测评工具,到底哪个好呢?

我想说的是,青菜萝卜各有各的营养价值,测评工具也都有其各自的优势和不足。至少我个人就学术分析和研究的角度客观来说,并不会认为自己学习了某一个测评工具,就认为自己学的这个是最好的。

其实一些经典的测评工具,比如DISC、MBTI、性格色彩、PDP等都是不错的测评工具。我相信,存在就是合理的,有价值的。这些测评工具能长期屹立不倒,必定各有所长,不被市场认可和接受的产品,自然会被市场所淘汰。所以,在选择测评工具的时候,主要看你有什么需求,用哪一个测评工具觉得比较顺手。这就如东方人习惯用筷子,西方人喜欢用刀叉一样,你不能因为自己是一个中国人,就说吃饭就是用筷子最好。

一个测评工具的好坏其实是由使用者来评价的,并非由产品的提供者来评价。到底哪一个测评工具更好,很多时候并不仅仅是这个测评工具本身决定的,也包含了因人而异(包含但不限于测评需求、施测师、被测评者等)的成分在里面。

举个例子:

从喜好的角度来说,这就像坐下来点菜,你问我这家店哪一个菜好吃一样,在对你的口味不了解的情况下,我很难回答你的问题。也许我最爱的榴莲是你的大忌,也说不定我们正好"臭味"相投。

所以,我建议你可以自己去了解一下,尝试一下,或者只是先简单地买本书学习一下,看看到底什么是最适合你自己的,有了大概的方向后,再去挑选适合你的测评工具进行学习或使用。甚至也可以和我们的很多老师一样,花时间多学几个工具,结合起来使用。

下面我将与各测评工具的授证老师一起对市场上常见的一些测评工具做一些简单介绍,希望可以帮助大家客观地认识每一个测评工具。

市面上常见的测评工具大致可分为三类(以下分类内容由赖凌云老师编写):类型类测评,特质类测评,投射类测评。(心理健康及诊断类测评不在我们日常的工具范围之内,故不做举例和讨论,如EPI、MTQ等。)

类型类测评:DISC、MBTI、性格色彩、PDP、九型人格等。

特质类测评:大五人格、OPQ、16PF等。

投射类测评:笔迹分析、绘画、房树人、罗夏墨迹测验等。

第二节　DISC简析

DISC的理论是美国心理学家威廉·莫尔顿·马斯顿博士(Dr. William Moulton Marston)在1928年出版的著作 *Emotions of Normal People*(《常人的情绪》)一书中所提出的。这一理论的提出,改变了原本心理学只应用于临床治疗及犯罪心理的局面。DISC理论研究的是普通人的正常的情绪反应,其取名则是选用了四种行为类型的英文首字母。四种行为类型的主要特点可见下图。

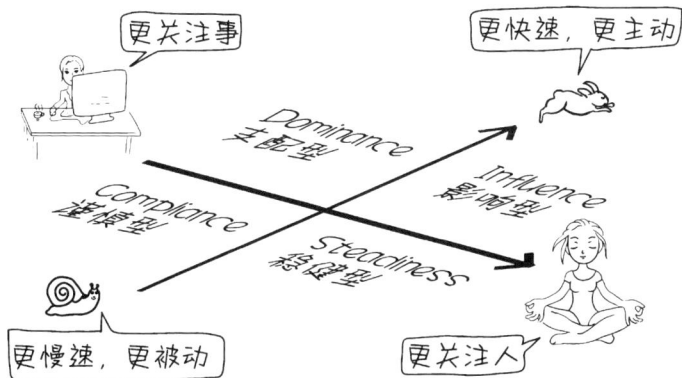

> Dominance 支配型
>
> Influence 影响型
>
> Steadiness 稳健型
>
> Compliance 谨慎型

之后的学者进一步将这个理论发展为测评工具，也就是大家所熟知的DISC测评。

DISC的应用领域很广泛，总结成一句话就是"只要有人的地方，你就可以应用DISC"。像我们经常运用到DISC的地方有自我分析、了解他人、沟通、择业、情绪与压力管理、上下级关系、销售谈判、客户维护、婚恋、亲子关系……关于各型的解析，我们会在后文中做详细的讲解，这里就不做过多的说明了。

比如D型的老板喜欢直接，注重目标，而S型的下属总是很努力地想跟上D型老板的节奏，却又总是有些力不从心。C型的妈妈总是要求孩子样样功课考到100分，I型的孩子却总是因为粗心大意的这儿那儿丢点分。I型的女朋友总是想要很多的浪漫、惊喜和陪伴，D型的男朋友却总是为工作在忙碌，给她一张卡说"拿去刷，喜欢什么自己买"……

不同的我们要怎样互相理解和包容？世界上有一种冷叫"你妈觉得你冷"，你可曾思考过这样一个问题：为什么我们想给的却不是别人想要的呢？DISC这个工具也许可以帮助你揭秘真正的自己和你原本不了解的身边人。

第三节 PDP简析

PDP（Professional Dyna-Metric Programs，行为特质动态衡量系统），由美国加州大学行为科学研究所和南加州大学统计学教授团队于1978年研究建立。

PDP将人群分为五种类型,包括支配型、外向型、耐心型、精确型、整合型。为了将这五种类型的特质形象化,根据其各自的特点,这五类人群又分别被称为"老虎""孔雀""考拉""猫头鹰""变色龙"。五种类型的性格特征如下图所示。

| 支配型 老虎 | 表达型 孔雀 | 耐心型 考拉 | 精确型 猫头鹰 | 整合型 变色龙 |
| 目标导向,强势 自我驱动力强 喜欢挑战 | 擅长人际关系 喜欢被关注 不怯场,有自信 | 耐心,有恒心 倾听者,支持者 喜欢和谐 | 完美主义者 遵守规则 注重逻辑 谨慎严谨 | 可在以上四个 角色中转换 灵活调整度高 |

第四节 MBTI简析

MBTI(Myers-Briggs Type Indicator,迈尔斯-布里格斯个性分析指标),是由美国的凯恩琳·布里格斯(Katharine Briggs)和她的女儿伊莎贝尔·布里格斯·迈尔斯(Isabel Briggs Myers)基于瑞士心理学家荣格(卡尔·古斯塔夫·荣格,Carl Gustav Jung, 1875—1961)在1921出版的《心理类型》一书中的理论制定的。该测评工具共有四个维度、八个端点,可组合成16种性格类型。第一版的MBTI在1943年问世。

MBTI在我看来的一个比较不足的地方是,一些英语概念翻译成中文后在文字理解上容易产生偏差,所以当你使用MBTI时千万不要只通过中文字面去理解它的意思。我非常感谢朱来法老师愿意参与此部分内容的编写。

四个维度

EI：你精力的来源；倾向于关注外面的世界还是内心的世界，你的精力来源于外界还是内心。

SN：你认知事物的方式；认知事物倾向于看具体细节还是看总体和可能性直觉。（N的人比较容易看到大画面——总体，并且比较容易考虑到事情发展的可能性，而不是当下具体的事实状况。）

TF：你作判断（决定）的依据；作判断（决定）倾向于按照逻辑还是根据感情。

JP：这是荣格理论中原来没有的部分；你的生活方式，对外界环境你喜欢用观察和判断还是参与和感知。这个维度主要是讲，你会用第二（SN）维度还是第三（TF）维度应对外部世界。如果是用第二维度来应对外部世界，就是比较善于观察，不会有过多的判断，以灵活应变为主。如果是用第三维度来应对外部世界，就比较善于判断，喜欢事事有清晰的计划，按计划进行而不会有太多的灵活性。

第五节 性格色彩简析

性格色彩和色彩心理学的区别

在这里我要强调一下,性格色彩和色彩心理学是两个完全不一样的概念。

性格色彩是性格测评工具,把人的性格特质分为4大类,以之区别人与人之间性格的不同。

而色彩心理学简单来说,就是什么颜色给人什么样的心理感觉。比如快餐店大多以橘色、黄色或红色等暖色调的鲜艳明亮色为主,这类颜色虽然有使人心情愉悦、兴奋的作用,但长时间处于这种环境下也容易使人越来越烦躁,这样你就不会久久地占着店里的位置啦。所以家里装修就很少会大面积使用这样的颜色,多使用柔浅的颜色让人感觉舒适安逸。

我接触过两个版本的性格色彩,一个是乐嘉老师的FPA,一个是True Colors,在这里给大家介绍的是True Colors。关于True Colors,我很荣幸地邀请到了True Colors的授证讲师熊珏老师为我们编写True Colors的介绍。

20世纪60年代,美国心理学家大卫·凯西博士(David Keirsey)根据他多年临床心理学研究的观察总结,通过人类与动物区别最大的两个维度——语言(具体/抽象)和工具(合作/实用)在使用上的差别,将人格气质划分成四个维度:技艺者、护卫者、理想主义者、理性者,并于1967年出版了 *Please understand me*(《请理解我》)一书,详细阐述了自己的这一理论,创立了性格类型学的另一个体系。

在阅读了大卫·凯西的书以后,唐·罗瑞(Don Lowry)深受启发,将这一新的性格类型学理论与色彩相结合,比如性格坚毅如黄金,心地如天空般湛蓝,橙色有激发人心的效果,绿色则令人感到冷静理性等,最后以金、橙、蓝、绿作为代表人格特征的颜色,于1978年创立True Colors(出色真我)。

True Colors用充满趣味和娱乐性的方式,让人们理解气质类型如何强有力地影响我们的生活,唐·罗瑞还开发了四种颜色的图卡,用图卡上的人物造型以及出现的物品来展现人物的性格,并结合舞台剧的方式让演员用各种夸张的、令人捧腹的喜剧表演,来展现不同性格人物的行为方式。轻松愉快且容易记忆,是True Colors最大的特点。

金色:负责的,忠诚的,传统的,是天生的维护者,大家长和助人者。

橙色:主动的,大胆的,令人兴奋的,是天生的挑战者,表演者和竞争者。

蓝色:富有同情心的,诗意的,敏感的,是天生的浪漫主义者,诗人和滋养者。

绿色:有创造力的,概念化的,追求知识的,是有远见的问题解决者。

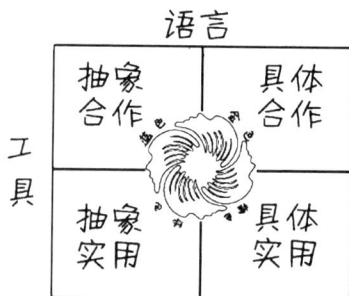

第六节　九型人格简析

九型人格(Enneagram)把人的性格分为完美型、助人型、成就型、艺术型、思考型、警惕型、活跃型、领袖型、和平型九个类型(由于翻译的不同,在不同的书或资料中对其命名也会略有不同)。

九型人格理论的历史已无从查询,我们可以获取的信息是,1920年,葛吉夫(G. I. Guardjieff)首先将九型人格学说引入西方,用来阐释人的九种特质。而真正将这套学说发扬光大的是艾瑞卡学院的创办人奥斯卡·伊察索(Oscar Ichazo)。他宣称九型人格学说是他在1950年代旅行阿富汗时,由苏菲教派里所学得。伊察索将人类的九种欲望放进九型人格学说中,并将这套学说拿来作为人类心理训练的教材。

许多知名的心理学家、精神病学家都曾追随伊察索学习九型人格学。

其中就有知名的精神病学家克罗迪奥·纳兰霍。他在智利学习九型人格之后，便将这门知识传入美国加州，开设了一系列的工作坊，探索人的性格型态，在斯坦福大学发扬光大。

凯伦·韦布的区域划分（三大直觉中心）：

腹中心：891，或者称为生存（行为模式）中心，以身体力行为导向，对生存的问题直觉最强。

脑中心：567，或者称为资讯（思维模式）中心，以思考和分析为导向，对现实事物的运动现象直觉最强。

心中心：234，或者称为情感（情绪模式）中心，以感受和想象为导向，对人情和环境的气氛直觉最强。

第七节　大五人格简析

大五人格也称为五因素模型，初始模型是雷蒙德于1961年提出的，但他只是提出了这个模型，未能达到学术的高度。

据了解，到目前为止，至少有四个研究机构各自独立研究这个模型的数据，而且都鉴定出基本一致的五大因素，但在命名和描述上存在一定差异。关于这一数据我并未找到官方的资料（比如专业测评机构公布的资料或者是图书资料等），所以仅供大家参考。

类型 ＼ 程度	1 2 3 4 5 6 7 8 9 10
Neuroticism 情绪反应度	对环境、事物等作出的反应较为平静、可控、合理等 ←→ 反应较为强烈、紧张、焦虑等
Extraversion 外向性	社交风格较为私密、安静等 ←→ 较为友好、活泼等
Openness 开放性	较为保守、实用、注重数据等 ←→ 较为好奇、创新、注重整体等
Agreeableness 顺应性	较为高冷、愿意接受挑战等 ←→ 较为随和、乐意助人等
Conscientiousness 谨慎性	喜欢自然、有趣、随性而为等 ←→ 喜欢逻辑、谨慎、有理有据等

性格及行为风格没有好坏之分，因此我一直坚持在对各型进行描述的时候避免一些可能让人产生误解的词语及相应观点。基于以上观点，在以下五大类型的翻译中，我对 Neuroticism 及 Conscientiousness 的翻译根据自己的理解做出了相应的调整（见下表），根据英语原文及所描述的内容作出更为恰当的翻译，能够更好地帮助大家从客观、中立的角度去认知每一个类型，降低误解产生的可能性。当然，笔者意见仅供参考，这也仅代表我个人的观

点,所以我也备注了其他的一些翻译版本供大家参考。希望可以让大家看到更多不同的观点,以根据自己的认知和判断,在学习的过程中进行取舍。

Neuroticism 情绪反应度	其他有翻译为外向性、情绪稳定性、神经质等。情绪反应度是我个人经过对原文及内容理解后作出的翻译,即人对周围环境及人事物的反应程度。 得分低者对环境、事物等作出的反应较为平静、可控、合理,得分高者则反应较为强烈、紧张、焦虑等。
Extraversion 外向性	其他有翻译为外倾、积极情感型、社交性。 得分低者社交风格较为喜欢私密、安静,得分高者较为友好、活泼等。
Openness 开放性	其他有翻译为创新性、经验开放性、想象力。 得分低者较为保守、实用、注重数据,得分高者较为好奇、创新、注重整体等。
Agreeableness 顺应性	其他有翻译为亲和力、宜人性、适应性。 得分低者较为高冷、更愿意接受挑战,得分高者较为随和、更乐意助人等。
Conscientiousness 谨慎性	其他有翻译执着性、责任心、成就意愿。谨慎性是我个人经过对原文及内容理解后作出的翻译。 得分低者更喜欢自然、有趣、随性而为,得分高者更喜欢逻辑、谨慎、有理有据等。

第八节 笔迹分析简析

笔迹分析是笔迹学中的最大概念,它涵盖人类描摹刻画的一切文化信息符号的痕迹。它包含了笔迹心理分析、笔迹生理分析、笔迹鉴定、书画鉴定,等等。

各种资料显示,笔迹分析技术可分为左右两翼:左翼是笔迹心理分析,右翼是笔迹生理分析。笔迹分析是一门科学,有完整的系统理论与方法,但它并不是我们说的测字算命。在美国等发达国家的大学里设有笔迹分析专业学科,笔迹分析工作也渗透在国家各个领域,并成为维护社会安定、国家安全的不可或缺的专业。

人的行为无不是受内心的思想和个性等因素影响的。笔迹书写也是人的一种行为,因此笔迹也必然会受到内心思想和个性等因素的影响。从笔迹分析内心世界,就是一个从可见的冰山上分析不可见的冰山下的过程。

虽然文字和符号都有自己的规范,但谁也不会写得和印刷体一样。每个人的字都会存在笔速、字间距、行间距、字体大小、字体倾斜方向等方面的不同,从而也体现了每个人不同的内心世界和行为风格。笔迹分析主要通过对字体大小、笔画结构、笔压力度、字体方向、书写速度、书写布局、书面整洁程度、字体行向等方面进行分析。比如书写速度快的人有思维敏捷、动作迅速、性子比较急等特征,书写速度慢的人有仔细谨慎、较有耐心、性子比较慢等特征。

我的老师赖凌云先生教我们在做咨询案的过程中,将笔迹分析与DISC测评报告结合使用。这两种工具的结合使用确是非常有帮助的,且大部分信息也是统一的。

将两个工具所提供的信息和数据互相比对,有时候会出现一些矛盾的地方,那么就可以对个别的矛盾点与被测评者做更深一步的信息挖掘和探索,更深入地进行了解和分析。通过这样的结合,找出矛盾点,再进行深入分析,可以有效提升测评结果的精准度。

第九节　贝尔宾团队角色简析

剑桥产业培训研究部前主任贝尔宾博士和他的同事们,经过多年在澳洲和英国的研究与实践,提出了著名的贝尔宾团队角色理论,即一支结构合理的团队应该由八种角色组成,后修订为九种角色(增加的为专业师角色),并将其分为三大类。

　　贝尔宾团队角色理论指出了每个人在团队中承担了什么样的角色,而不是这个人本身的性格或者行为是怎么样的。这一理论的主旨是,团队成员必须清楚自己与其他人在团队中所扮演的角色,了解如何相互弥补不足,发挥优势。毕竟成功的团队协作可以大大提高生产力,鼓舞士气,激励创新。

　　这和DISC的团队报告中角色的部分比较像,大家可以参照后文的DISC团队报告样本做一个简单的比较。

行动类	鞭策者	鞭策者是充满干劲、渴望成就的人。通常,他们非常有进取心,性格外向,拥有强大驱动力。他们勇于挑战他人,并且关心最终是否胜利。他们喜欢领导并激励他人采取行动。
	执行者	执行者是实用主义者,有强烈的自我控制力及纪律意识。他们偏好努力工作,并系统化地解决问题。执行者是典型的将自身利益与忠诚与团队紧密相连、较少关注个人诉求的角色。
	完成者	完成者是坚持不懈、注重细节的。他们不太会去做他们认为完成不了的任何事。一般来说,大多数完成者都性格内向,并不太需要外部的激励或推动。
社交类	协调者	协调者最突出的特征就是他们能够协调团队的成员向着共同的目标努力。在人际交往中,他们能够很快识别对方的长处所在,并且通过知人善用来达成团队目标。
	凝聚者	凝聚者是在团队中给予最大支持的成员。他们性格温和,擅长人际交往并关心他人。凝聚者观察力强,善于交际。作为最佳倾听者的他们通常在团队中倍受欢迎。
	外交家	外交家是热情、行动力强、外向的人。他们都善于和人打交道,是与生俱来的谈判高手,并且善于处理人际关系。由于他们性格开朗外向,所以无论到哪里都会受到热烈欢迎。
思考类	智多星	智多星创造力强,充当着创新者和发明者的角色。他们为团队的发展和完善出谋划策。通常他们更倾向于与其他团队成员保持距离,运用自己的想象力独立完成任务,标新立异。
	审议员	审议员是态度严肃、谨慎理智的人。他们倾向于三思而后行,做决定较慢。通常他们非常具有批判性思维。他们善于在考虑周全之后作出明智的决定。
	专业师	专业师是专注的,他们首要专注于维持自己的专业度以及对专业知识的不断探究。然而由于专业师们将绝大多数注意力都集中在自己的领域,因此他们对其他领域所知甚少。

第十节　本章知识点回顾与学习笔记

青菜萝卜各有各的营养价值，各种测评工具也都有它的优势和不足。而且很多时候这种区别并不仅仅源自测评工具，也包含了个人使用习惯的成分在里面。

市面上常见的测评工具大致可分为三类：

类型类测评，特质类测评，投射类测评。（心理健康及诊断类测评不在我们日常常见的工具范围之内，故不做举例和讨论，如EPI、MTQ等。）

（1）类型类测评：DISC、MBTI、性格色彩、PDP、九型人格等。

（2）特质类测评：大五人格、OPQ、16PF等。

（3）投射类测评：笔迹分析、绘画、房树人、罗夏墨迹测验等。

DISC　Dominance支配型、Influence影响型、Steadiness稳健型、Compliance谨慎型。

PDP　老虎（支配型）、孔雀（表达型）、考拉（耐心型）、猫头鹰（精确型）、变色龙（整合型）。

MBTI　EI：你精力的来源。SN：你认知事物的方式。TF：你做判断（决定）的依据。JP：这是荣格理论中原来没有的部分，指你的生活方式，你对外界环境喜欢用观察和判断还是参与和感知。

True Colors　金色：负责的，忠诚的，传统的。橙色：主动的，大胆的，令人兴奋的。蓝色：富有同情心的，诗意的，敏感的。绿色：有创造力的，概念化的，追求知识的。

九型人格　完美型、助人型、成就型、艺术型、思考型、警惕型、活跃型、领袖型、和平型九个类型。

大五人格　也称为大五因素模型，情绪反应度，外向性，开放性，顺应性，谨慎性。

笔迹分析　笔迹学中的最大概念,它包含了笔迹心理分析、笔迹生理分析、笔迹鉴定、书画鉴定,可分为左右两翼:笔迹分析的左翼是笔迹心理分析,笔迹分析的右翼是笔迹生理分析。

贝尔宾团队角色　鞭策者、执行者、完成者、协调者、凝聚者、外交家、智多星、审议员、专业师。

第四章
DISC 是怎样的一个工具

第一节　DISC的三层境界

剑法的三层境界

在武侠小说界,剑法共有三层境界:剑法第一层,手中有剑,心中有剑;第二层,手中无剑,心中有剑;第三层,手中无剑,心中无剑。

如果说把DISC也和剑法一样分成三个层次的话,应当这样分:

DISC剑法第一层:

借助于测评,简单了解自己或他人的行为风格特质。

DISC剑法第二层:

(1)通过观察自己和他人的行为,就能大致了解自己和他人的行为风格特质。

(2)借助专业版测评报告,深入地了解自己或他人的行为风格特质、压力来源等基本情况。

DISC剑法第三层:

(1)生活中你已经不会特意去想起自己学过DISC,可是在需要的时候随时可以用上它。

(2)你可以了解自己和对方的主要行为风格特质,也可以拆解在某个特定环境下的行为风格特质。

(3)借助专业版测评报告,了解自己或他人的工作满意度、生活状态以及一些其他报告背后隐藏的信息。

我们可以在很多性格行为测评的书里看到简易版的手工计算的测评问卷,但是你在这本书里看不到。

为什么在这本书里看不到? 因为我希望你看完这本书至少可以达到第二层里的第1个境界。我希望你完全可以不依赖那个所谓的免费版简易测评表,因为你总不能以后逢人就让人家做个测评。上班的时候你能和你老板说"老板,我得先给您做个测评,然后我才能知道我应该用什么风格跟您沟通"吗?我觉得你老板如果犀利一点,第一反应会是"这人是谁给招进来的?",第二反应甚至可能会说:"你去趟人力资源部吧。"

蔡康永在《奇葩三国说》的序言里说:"梦想,其实是一种能力;欢笑,也是一种能力。我发现很多人身上,这两种能力都在退化,我们不太放心,也不太甘心,我们觉得不做梦、不欢笑,太可惜了。请容许我们邀请你加入这场派对,一起练习梦想和欢笑的能力。"

我觉得"观察"也是一种能力,这种能力在很多人身上也在退化,所以我也想邀请你一起来学习观察的能力,激活你自带的能力,而不是完全依赖测评工具。通过对本书的学习,再结合每一篇章中的练习,我相信你不仅可以更深入地了解你自己,继续保持自身的优势,调适改进不足之处,也可以快速掌握洞悉他人行为风格的能力。若将自我的提升与洞悉他人的能力融会贯通,相信你一定会遇见更好的自己,也会变得更受欢迎。

第二节　DISC的前世今生

DISC理论是什么

DISC这个理论是一种"人类行为语言"。

为什么选择DISC

在生活或者工作中,很多时候,当人们的行为方式发生改变之后,事情就会产生不一样的结果。我们在前文中说过,行为是受当下环境影响的,同时也是最容易做出改变的。而DISC就是研究人类行为的工具,它可帮助你快速了解自己和他人的行为风格及该行为特质的优势和不足,并给你调适的意见和建议。

DISC入门简单，容易掌握，但其报告解读部分又有着似乎不见底的深度，让你越用越顺手，越学越着迷。

DISC 的前世今生

DISC的核心可以追溯到遥远的古希腊，希波克拉底提出用"火，气，水，土"四个因子来探讨人的行为。其实我们现在看到的大部分性格测评或者行为测评都是基于希波克拉底的这个伟大贡献，比如我们刚刚说到的PDP、FPA、MBTI等。DISC理论首次出现是美国心理学家威廉·莫尔顿·马斯顿博士（Dr. William Moulton Marston）在1928年出版的著作*Emotions of Normal People*（《正常人的情绪》，或译为《常人的情绪》）中。他在书中提出了DISC理论，并首次将心理学的应用层面延伸到普通人的身上。在此之前，心理学的应用局限于临床和犯罪方面，马斯顿的这一研究，可以说是心理学界的一个重要突破。

之后的学者进一步将这个理论发展为测评，也就是大家所熟知的DISC测评。再后来，随着"DISC图形"和"DISC分析表"的出现，DISC又向前迈进了一大步。那些原本需要心理学家才能解析的复杂的测评结果，现在可以通过DISC图形清晰明了地呈现出来，并配上了相关的文字说明，即使是没有接受过培训的人，对呈现在面前的报告，也能看懂个大概。这项功能在之后的全球计算机普及后变得更为强大了，计算机瞬间就可以根据你的测评答案，给出一份高精准度的测评报告，而且图文并茂，简单易懂。

当然，想要深入读懂DISC报告，还是需要进行相关的深入学习和研究。当然，我这里所说的是DISC的专业测评报告，不是网络上的免费娱乐版测评报告，这在后面的篇章中我会向大家说明，因为这本书是一本入门的书，所以本书对此部分内容不做深入探讨。

第三节　用 DISC 改变行为

DISC 呈现的是你的行为风格特质，它最容易改变

刚才我们说了，DISC 这个理论是一种"人类行为语言"。

还记得前文我们说的性格和行为的一家人吗？

在这一家人中，最容易改变的就是行为，因为它是个性和当下环境的产物。因此，在这本书中，我们选择了 DISC 这个工具，希望通过这个工具，帮助大家快速了解自己的行为风格特质，并获得一些调适自己行为和了解他人行为的秘笈。

DISC 理论创始人何许人也

先让我们来了解一下马斯顿博士。

马斯顿博士是研究人类行为的著名学者，我们熟悉的测谎仪也是他发明的。他的研究方向有别于弗洛伊德和荣格所专注的人类异常行为，DISC 研究的是由内而外的人类正常的情绪反应与行为风格。

在学习 DISC 之后，可以达到通过观察对方行为的大概就能推断出对方的行为风格特质，并且根据不同的需要，随时调适出不同行为风格的水平。

为了帮大家离这个目标更进一步，我在这本书里帮大家总结了一些知识点并提供了一些引导练习，如果你学习之后愿意按照练习去进行一些实践，我相信你一定会有收获的。

第四节　勇敢地面对自己

在开启工具箱之前，先来看一下你对自己的认知有多少吧。所谓"知己知彼百战不殆"，能正确地认知自己，是一门很重要的功课。接下来，请用5～8个词语或短句描述你自己（如注重感情的、喜欢稳定的、喜欢挑战的等），并列出你的3～5个优势（如乐于助人的、勇于创新的等）和3～5个不足（如粗心大意的、不够坚持的等），以此作为热身吧。

我眼中的自己：

（1）

（2）

（3）

（4）

（5）

（6）

（7）

（8）

我的优势：

（1）

（2）

（3）

（4）

（5）

我的不足：

（1）

（2）

（3）

（4）

（5）

了解自己之后，我们赶紧来给自己定个小目标吧，万一实现了呢。

请写下你学习这本书希望达到的小目标或者你内心的小期望：

举例说明：

我希望通过这本书的学习，可以知道为什么我和我妈妈的关注点总是不一样。

我希望通过这本书的学习，可以变得能读懂一点我那位程序员男朋友脑子里的怪异逻辑。

我希望通过这本书的学习，可以知道我的孩子高考填志愿的时候选哪一科会更适合他一些。

我希望通过这本书的学习，可以了解我的老板到底希望我用哪种风格向他汇报工作。

我希望通过这本书的学习，可以明白为什么我的闺蜜完全没有时间概念，每次吃饭都可以很淡定地姗姗来迟。

第五节　本章知识点回顾与学习笔记

剑法的三层境界

剑法第一层,手中有剑,心中有剑;第二层,手中无剑,心中有剑;第三层,手中无剑,心中无剑。

DISC剑法第一层:

借助于测评,简单的了解自己或他人的行为风格特质。

DISC剑法第二层:

(1)通过观察自己和他人的行为,就能大致地了解自己和他人的行为风格特质。

(2)借助专业版测评报告,深入地了解自己或他人的行为风格特质、压力来源等基本情况。

DISC剑法第三层:

(1)生活中你已经不会特地想起自己学过DISC,可是在需要的时候随时可以用上它。

(2)你可以了解自己和对方的主要行为风格特质,也可以拆解在某个特定环境下的行为风格特质。

(3)借助专业版测评报告,了解自己或他人的工作满意度、生活状态,以及一些其它报告背后隐藏的信息。

DISC理论是"人类行为语言",它的提出者马斯顿博士是研究人类行为的著名学者。他的研究方向有别于弗洛伊德和荣格所专注的人类异常行为,DISC研究的是由内而外的人类正常的情绪反应与行为风格。

第五章
DISC 行为风格四型解析

第一节 D、I、S、C每一型我都有

D、I、S、C每一型我都有

回到前面我们说的DISC测评,其实我们很多人都是在没有授证测评师引导的情况下,做了网络上找来的免费DISC测评,测出来就是你有几个D,几个I,几个S,几个C,最后4个里面占比最高的那个就被当成了你的行为特质。

之后你就开始根据这个结果寻找答案,看看自己有哪个行为特质。我相信我们大部分人在看完了自己的行为特质描述以后,特别是经常喜欢做各类测评的女生,都会忍不住再去看看别的3个行为特质是什么。这个时候你就开始迷茫了,虽然你得出结果的那个行为特质的描述是像你的,但是你发觉其他的行为特质描述里,也有像你的部分。

在这里我要强调的是:我们每个人身体里都有D、I、S、C四个行为特质!

我们是一个Team!

其实我们我们每个人身体里都有 D、I、S、C 四个特质，只是比例不同，在不同的环境下或者面对不同的人，你展现的行为风格是不一样的。行为是会受到当下环境影响的。比如，你对家人的态度和对同事的态度是一样的吗？人家对你客气和人家对你不友好，你的行为反应是一样的吗？

只是这个结果的精准度在免费的娱乐版测评里并没有体现出来。如果你做了一个 10 题的测评，测评结果是 "6 个 D、2 个 I、2 个 C、0 个 S"，于是你很容易跌入自己就只是一个 D（指挥者）的误区。这只是说明你展现 D 特质的时候最常见，并不代表你没有 S 特质。

举个例子：

比如，虽然你很强势，喜欢做决定，在公司带领着几百号人的团队，年终业绩完成得棒棒的，成功挑战不可能完成的任务（D 特质明显），可你在男朋友面前则显得小鸟依人（S 特质明显），但是在非专业版测评里你的 S 数值也可能是 0。

在专业版测评里，所有特质的总和并不等于 100。而每个特质最低不低于 5，最高不高于 95。这部分我们到后面讲专业版测评的时候再仔细讲述。

另外一件需要强调的事情就是：每一个行为风格特质都有它的优势和不足，并无好坏之分。

第二节　DISC 的四个象限两个维度

DISC 把人的行为风格分为 D、I、S、C 四型，这四型人又被划分在两个维度的四个象限中。

两个维度：更关注人——更关注事；更快速、更主动——更慢速、更被动。

四个象限：

D象限：更关注事,更快速、更主动;

I象限：更关注人,更快速、更主动;

S象限：更关注人,更慢速、更被动;

C象限：更关注事,更慢速、更被动。

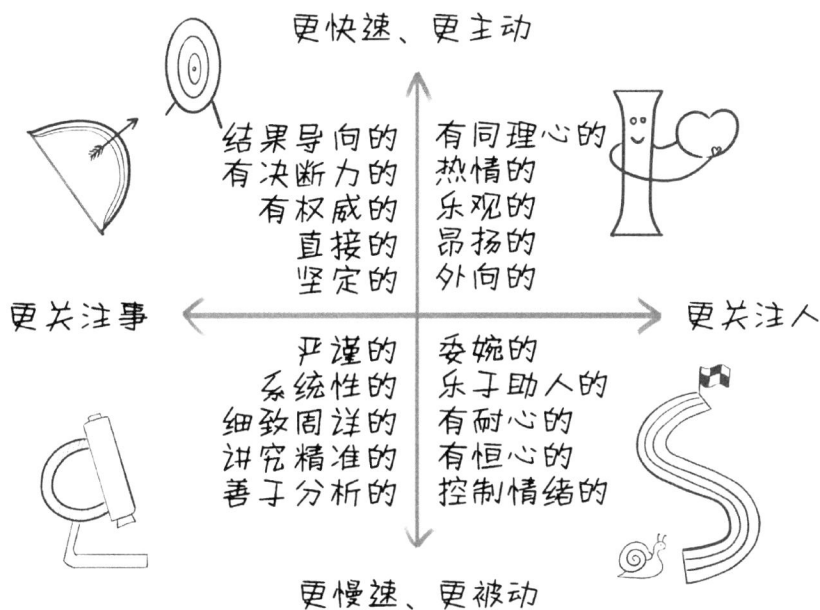

第三节 D型

1. D型 "这天下都是朕的"

这天下都是朕的

D型特质高的人天生自带强大的气场,他们雷厉风行,更多以关注事为主,目标明确,结果导向。

他们喜欢掌控全局，因而事业、地位、权力等都是他们主要的奋斗目标。他们喜欢挑战、不怕压力，在完成目标的道路上，会排除一切困难到达目的地。

他们好像永远都很忙，因为你看到他们的样子永远只关注重点，速度快，就连说话语速都很快，而且没有多余的字眼。为了更快完成他们的目标，他们似乎天生就拥有了同时干几件事的能力。而关于目标，他们大多只关注是否完成、什么时候完成，至于怎么完成以及个中的细节对他们来说并不是最重要的。

强大气场的另一面是D型特质高的人也有着火爆的脾气。他们缺乏耐心，也容易冲动地做决定。同时D型特质高的人的行为方式往往对事不对人，所以有时候容易忽略对人的关注度，这也导致了他们直来直去的强势作风很多时候容易伤害了身边的人。

给D型人的建议

D型人目标感强，很有效率，面对挫折D型人能越挫越勇，这些都是他们的主要优势。只是D型人的快节奏和急性子有时候会让他忽略了关心他人的感受，也让他忘记了停下来看看这一路上的风景。登上山顶固然重要，可沿途的景色也一样可以是人生一道靓丽的风景线。

多给予身边的人一点关心和温柔，更要适时让自己放松一下。

D型人需要别人给予的帮助

D型人的关注点是目标和结果，他们速度快，所以需要别人帮助他权衡利弊、计算风险、提出预警，并做好调研数据、构建一个可预估的环境。在整个过程中，还需要有人可以提醒他深思熟虑后再做决定，并提醒他关注其他人的感受和需求。

对 D 型人的激励

对 D 型人的激励,要给予他权利、掌控权和金钱的胡萝卜,并给他参加攀登高峰的通行证。

如何快速识别 D 型性格

语气:语速快、命令式口气……

表情:气场强大,盛气凌人……

着装:体现专业、权威的服饰……

情绪:即刻反映、外露……

优势:目标感强、行动力强、果断……

不足:容易暴躁、缺少耐心、对他人关心不足……

喜欢:权力、竞争、胜利、成功、冒险……

害怕:失去控制权、失去领先、示弱……

关注:关注重点、直截了当、结果导向……

典型小说人物代表:孙悟空、张飞……

悟空的告白

我有人群里最强大的气场,面对压力,越战越勇是我的一贯风格。

忙,是因为我总是同时在处理几件事情,也是因为我有明确且远大的目标。

只要告诉我结果和重点,或者下一步要做什么就好,不要说太复杂,太细节、太繁琐都不适合我。

我喜欢挑战,并享受征服时刻的喜悦感,然后再去接受和征服一个新的挑战,这就是我人生的乐趣所在。

做我的伙伴,你可能会很累,要接受我的快速和强势;同时也会很轻松,只需要你告诉我事情的结果以及我可以为你做什么。

有错认错是一个好品质。当然,我永远不会出错,如果我真的觉得我错了,那也是在我心里,我不会想要承认的,所以你也不要说出来,最好再给我一个台阶下,这样我会很感激,我想我们也会有更多的互动。

↓ 2. D型张飞的成功与失败

小说《三国演义》中,张飞给大家的印象是勇猛、鲁莽、风风火火。

张飞说话时很急(语速快),碰到问题不加思考就作出反应,并将所想脱口而出。做事的时候,一旦确立了目标,他便说做就做,执行力非常强。张飞一出场,就自带一种强大的气场,而这种气场本身就是一种震慑力。

张飞在长坂坡战役中,据水断桥,露出愤怒的眼神(情绪外露),横握长矛,大声吼(霸气)道:"吾乃燕人张翼德也,谁敢与我决一死战!"曹军无一人敢前进(气场强大),刘备势力集团才因此得免于难。

张飞对属下暴而不施恩(暴躁,对人的关注度不够),这是导致他最后被暗杀的主要原因之一。刘备称帝后,张飞被封为车骑将军,领司隶校尉,进封西乡侯。同年六月,刘备为关羽报仇,出兵伐吴,让张飞从阆中出兵至江州。因为张飞从不体恤士卒,刘备常常告诫张飞:"你经常鞭打健儿,但之后还让他们在你左右侍奉,这是取祸之道。"果然,张飞临出兵前,被其麾下将领张达、范强(演义中写作范疆)谋杀,并取了张飞的首级投奔孙权。

我来介绍一下我的小伙伴,张飞

在张飞的篇章中,我们看到,他的成名是因为他的强大、果断和勇猛,而他的失败是因为他的暴躁和对他人的关注度不高。如果张飞学过DISC,懂得调适自己行为,脾气不要那么暴躁,增加自己对他人的关注度,对下属加以体恤,而不是动不动就打打骂骂,相信结局就不会是这样的了。

3. D型行为风格分析练习

D型行为风格的优势(请至少写3点):

例:目标感强

D型行为风格的不足(请至少写3点):

例:容易暴躁

在我看来,D型人的哪些行为模式我比较难接受(请至少写3点):

例:脾气火爆

我该如何站在D型人的角度理解他(即D型人喜欢什么样的相处模式)(请至少写3点):

例:目标导向,关注结果

我该如何调适自己,让自己可以与D型人愉快地相处(即以我的行为模式,应该如何调适)(请至少写3点):

例:我主要的行为特质是C型,我做事关注细节和过程,下次与D型人沟通时,我会尽量做到简明扼要。

D型人根据对我的认知,给我的建议(尽量请对方给到你3点以上的建议):

第四节 I型

1. I型 "世人笑我忒疯癫"

世人笑我忒疯癫

"世人笑我忒疯癫,我笑世人看不穿。"

——唐伯虎·《桃花庵歌》

这一句诗我觉得是对高I特质的小伙伴的很经典的总结。在I型人的世界里,快快乐乐才是最重要的,甚至在外人看来有点小疯癫都没有关系。对他们来说,天塌下来了还有比他高的人顶着呢。那些整天忙来忙去、思前顾后的人在他们看来真是枉来了人间这

一趟,人间的美好都被他们的忙碌和思虑掩盖了。

他们喜欢快乐,也愿意把快乐带给别人,人间的一切烦恼在他们看来都是应该被消灭的。

他们喜欢装扮自己,在他们看来,美丽的装扮不仅可以美丽自己的心情,也同样可以美丽别人的心情。他们自信,甚至有一点自恋。他们需要耀眼的聚光灯和万众瞩目的眼神。

他们习惯主动,也喜欢通过肢体语言来表达他们对你的欣赏和喜欢。

面对压力,他们喜欢作,作天作地地作,约饭、喝酒、唱歌、大哭都是他们缓解压力和消除不愉快心情的一种方式。

给I型人的建议

I型人开朗乐观,所到之处总是热热闹闹,有很强的感染力,这是I型人的主要优势。I型人的创意也很多,只是很多时候缺少坚持,因为他总是喜欢新鲜有趣的事物。这一型人也自恋,有时候会忽视了其他人的存在和感受。而他们的情绪化有时候又会让人摸不着头脑。

快乐的同时,多一分沉稳和坚持,做一个优雅的自己也是很重要的。

I型人需要别人给予的帮助

I型人思维比较快,静不下心来,容易忽略细节,所以需要别人帮助他做一些数据调研,找出系统、逻辑的工作方法。也需要帮助他专注在事情上,并且坚持下去,督促他对事情的跟进,避免虎头蛇尾。提醒他多关注事,而不要感情用事。

对于I型人的激励

要表扬他,要给他荣誉感,让他拥有别人崇拜和羡慕的眼神。

如何快速识别I型行为风格

语气:语速快、滔滔不绝……

表情：表情夸张、肢体语言丰富……

着装：绚丽、时尚的服饰……

情绪：开心就笑，不开心就哭……

优势：亲和力好、沟通能力强……

不足：缺乏跟进、容易失去热情、计划性不强……

喜欢：社会认可、集体活动、友好融洽的关系……

害怕：被排斥、被忽视、不被认可、不被关注……

关注：魅力、热情、社交、开心、聊天……

典型小说人物代表：猪八戒、关羽……

八戒的告白

我是一个主动的人，主动和你打招呼，主动和你说话，主动关心你。

对我来说四海之内皆兄弟，毕竟我相信我对别人好，别人自然会对我好。

我也喜欢夸张的表情和丰富的肢体语言，而且我会认为肢体的接触是彼此间的欣赏和肯定。

我喜欢新鲜的事物，也富有丰富的想象力，我讨厌无趣和乏味，那样我会觉得生活了无生趣。

面对压力，任性的作一下才能使我解压，其实我只是感情丰富罢了，哭哭笑笑尽情地折腾才让我觉得不枉此生。

我喜欢美貌的事物，也喜欢美貌的自己，所以我总会把自己打扮得漂漂亮亮，去环境优雅的地方与美丽的你一起享受阳光的灿烂或者雨天的浪漫。

2. I型关羽的成功与失败

关羽

关羽人称"美髯（rán）公"。什么是"美髯"？"美髯"就是指留着很漂亮的胡须，一般指比较长的胡须，短的胡子不算。"公"是古代对成熟男性的尊称。这说明什么？说明关羽是一个很在意自己形象的人。一般来说，高 I

值的人会比较注重自己的形象。为什么呢？因为I型人喜欢像明星一样被关注呀。

再看关羽很有名的一个故事——"温酒斩华雄"（创意无限）。听上去多诗意，在那样一个动荡不安的战争年代，连杀人都可以杀得那么艺术（自信，喜欢被关注和认可），估计只有高I值的美髯公可以做到了（有没有一种头可断，血可流，发型不可乱的感觉）。

清代奉关羽为"忠义神武灵佑仁勇威显关圣大帝"，崇为"武圣"，与"文圣"孔子齐名。关羽后来又被尊为"武财神"，受万民供奉。这样的明星效应，岂是普通人可以做到的。

我们再来看关羽之死。I的人有一个什么弱点？那就是自带光环，明星效应太强大，但是呢又不懂得低调。孙权要和关羽做亲家，关羽怎么说的？他说"吾虎女焉能配汝犬子？"十足的自我感觉过度良好。

另一方面就是有时候会过度自信，当东吴年轻将领陆逊去攻打他的时候，他特看不起人家。陆逊到达陆口的时候，就立即写信给关羽，他深知关羽骄傲自大的弱点，在信里对关羽各种拍马屁，赞赏他的丰功伟绩，并表示自己对他的景仰"犹如滔滔江水连绵不绝，黄河泛滥一发不可收拾"，同时还信誓旦旦地说绝不与关羽为敌。关羽看信后，当然是自信心爆棚（自恋，此处还是过度自恋），完全丧失对东吴的警惕，把留守后方用于提防东吴的军队调至前线，全力对付曹操。最后，这一战役的失败，让他丢了小命，在56岁的年纪，好像要算丢了老命了。

在关羽的篇章中我们看到，关羽的成名虽然多了一点戏剧性的色彩，但这一幕却很好地体现出了I型人的风格。大家有没有发现，D型和I型人，都速度快，行动果断，所以冲锋陷阵的多是张飞和关羽。而关羽的死和他过度自负有很大关系，如果他当年愉快地和孙权做了亲家，又如果他不是自信心爆棚轻视陆逊，也许他不会落得如此下场。所以包装和展示自己固然很重要，学会低调对于I型人来说一样很重要。

● **3. I型行为风格分析练习**

I型行为风格的优势（请至少写3点）：

I型行为风格的不足（请至少写3点）：

在我看来，I型人的哪些行为模式我比较难接受（请至少写3点）：

我该如何站在I的角度理解他（即I型人喜欢什么样的相处模式）（请至少写3点）：

我该如何调适自己,让自己可以与I型人愉快地相处(即以我的行为模式,应该如何调适)(请至少写3点):

I型人根据对我的认知,给我的建议(尽量请对方给到你3点以上的建议):

第五节　S型

▍1. S型"我是便利贴女孩"

我是便利贴女孩

S型特质高的人温和从容,是出了名的好脾气。他素朴、简单安分、没有野心,愿望也小小的,很容易满足,超级平凡,平凡到甚至注意不到他的存在。任何事情只要你开口找他帮忙,他一定会不忍心拒绝你,哪怕委屈了他自己。

没有个性就是S型行为风格的个性,不做决定就是S型人的决定。只是虽然他很温和,但在他的内心还是很渴望别人给他一点关心,一点,真的只要一点他就会很感动。

他性子比较慢,不喜欢变化和压力,尤其害怕冲突。面对压力和冲突,他会选择默默忍受,更不要说去据理力争了。

不管是在生活还是工作中,他喜欢一成不变的稳定和安逸,也因为不善于作决定,会更希望你告诉他一步两步三步应该怎么做,而他只需要根据你的指示去做就好。

S型人不像D型人(用气势和权力)和I(用亲和力和社交能力)那样可以处理复杂的人际关系,S型人和C型人是不太擅长处理人际关系的,只是S型人更多的是选择逃避和委曲求全,C型人则更倾向于抗拒和冷战。

给S型人的建议

S型人就是太不懂得拒绝,在生活和工作中可能会花太多原本不该花的时间和精力。其实至少我个人认为,一个人的时间和精力是有限的,不是说帮助别人不重要,而是需要给关心你、在乎你的人更多的关注,否则对那些爱你的人是不公平的,有大爱之前先要做到小爱,就像爱别人之前,先要学会爱自己一样。S型人要对自己好一点、多爱自己一点。

S型人需要他人给予的帮助

S型人速度比较慢,害怕有压力的环境。他需要有人帮他做好规划,然后告诉他应该怎么做,让他执行就好。我们也不要让S型人独自去处理太复杂的事情,他会一下子有点承受不住的,尤其是复杂的社交和人际关系。在生活和工作中,S型人需要有人帮助他提升自信,并学会做出决定,进一步学会适时的拒绝和争取。

对S型人的激励

许诺他一份安全感,一份稳定和安逸。当然,许诺了就不要欺骗他,否则他会深受伤害。

如何快速识别S型行为风格

语气:语速慢、缓和……

表情:和蔼祥和……

着装：款式简单、素朴低调……

情绪：平和、温和……

优势：有耐心、忠诚度高、支持度高……

不足：优柔寡断、不懂拒绝、害怕改变……

喜欢：稳定、真挚、和谐、融洽、温馨……

害怕：变化、不和谐、争执、压力……

关注：舒适度、稳定性、团结性……

沙僧的告白

我不善于作决定，如果说一定要作决定，那我的决定就是不作决定。

我就是喜欢在人群中平平淡淡，不被注目，别人的注目会让我感到紧张。

我喜欢帮助他人，甚至有一点不懂拒绝，宁愿牺牲自己也想要帮助别人。

我喜欢安稳，不喜欢改变，不喜欢压力，压力和快节奏会让我感到焦虑不安。

我喜欢和平共处的温馨，面对复杂的人际关系和斗争，我会束手无策，并感到喘不过气。

面对压力和不公平，我总是默默忍受，我害怕和别人发生争执，因此我宁可委曲求全，息事宁人。

我想，没有个性就是我的个性，只要你们开心，我吃点亏没有关系，只是我也会期待你们关心我、呵护我。

2. S 型刘备的成功与失败

刘备在整个故事中给人的感觉就是温情的暖男，柔弱起来绝对不输林妹妹（温和）。你看他说话总是温文尔雅，动作总是不紧不慢，遇到个什么事就哭一哭，就连摔个儿子动作都那么温柔，简直就是慢放镜头，都让人怀疑他是不是没有诚意了。

S型人的优势在于他们脾气好，态度诚恳，所以刘备可以做到礼贤下士，用真心感动了很多大将归于他的门下，最有名的就是三顾茅庐的例子了，如果换了张飞，他肯定是做不到的。我们几乎回忆不起来刘备有大声骂人的时候，说话也大都是慢悠悠的。

S型人也不太善于作决定，所以蜀国的很多事情都是由诸葛亮、关羽他们提意见，很多时候也是按照他们提出的方案作决定的。

S型人的弱势在于，他们容易被感情所束缚而缺乏理性。现在我们网络上常说的道德绑架，一般能被成功绑架的基本上都是S型人，你想道德绑架其他3型人，尤其是D型人和C型人，那真是太难了。你看刘备在撤退的时候，都要带上老百姓。

在小说中，关羽被吴军杀害后，刘备为了给他报仇（忠诚，重情义），亲率蜀汉军队数万人，对吴国发动了大规模的战争。此战，刘备军几乎全军覆没，阵亡数万人，可以说是血本无归的一次惨败。夷陵之败让新建的蜀汉政权受到沉重的打击，不仅损失大量士兵与物资，还有多名将领阵亡。次年四月，刘备恼羞于夷陵惨败，一病不起，亡故于白帝城（抗压能力比较弱）。（在后文讲专业报告的时候我们会说到，S的值越高，抗压能力就越弱。）

刘备如果可以理性一点，在关注人的同时也关注事，不要为了自己的结拜兄弟感情用事，做到顾全大局，多关心自己的军国大事，可能蜀国会有更好的发展。

3. S型行为风格分析练习

S型行为风格的优势（请至少写3点）：

S型行为风格的不足（请至少写3点）：

在我看来,S型人的哪些行为模式我比较难接受（请至少写3点）：

我该如何站在S型人的角度理解他（即S型人喜欢什么样的相处模式）
（请至少写3点）：

我该如何调适自己,让自己可以与S型人愉快地相处（即以我的行为模
式,应该如何调适）（请至少写3点）：

S型人根据对我的认知,给我的建议（尽量请对方给到你3点以上的建议）：

第六节 C型

1. C型"完美派的处女座"

完美派的处女座

C型行为风格特质高的人犹如传说中的处女座一般追求完美，就连容易被忽视的小细节对C型行为风格的人来说也要做到完美。他内心有一套自己的准则和衡量标准，并且希望别人也能够遵守规则，他非常不喜欢别人破坏规则。不过他的坚持和执着，有时候也会把自己困在自己画的圈圈里。

C型人是有深度的人，在自己的专业和喜欢的领域会钻研得很深入，成为专家级的人物，因为他们始终对自己高标准严要求，他们讨厌一知半解和不精准。

C型人不仅对自己高标准严要求，也对别人高标准严要求，这样的高标准严要求容易给自己和别人较大的压力。

在C型人的世界里，非黑即白，可是大千世界本不是只有黑白两色。C型人要学会客观对待事物，学着接受这个世界终究是有其他颜色的存在的。

给C型行为风格的人的建议

C型行为风格的人做事严谨，坚持原则，高标准严要求，这些都是主要优势，只是有时候太过于坚守自己的原则而缺乏灵活性和创新意识。

C 型行为风格的人对自己和他人的要求过高,时间久了,不仅会让自己感到有些疲惫,也会让他人感到与你相处时有压力。坚持原则追求完美固然重要,可人本来就无完人,人生也本来就不是完美的。有些时候,也学着让自己放松一下,不要太苛求别人,更不要太苛求自己。要学着从自己的圈圈里走出来,尝试着从多个角度去看待问题。放松一点,尝试着接受生命里的残缺,就会发现这也是人生中的另一种美。

C型人需要他人给予的帮助

C 型人注重流程和标准,他们依赖数据,且太过追求完美,从而难以做出决定。C 型行为风格的人需要他人提醒他们,不要过度依赖逻辑和数据,要更迅速地做出决定。在工作和生活中,C 型人要学会多融入团队协作中,适当地灵活变通;还需要多一点温柔,更有助于与人相处、合作。

对于C型人的激励

对 C 型人需要在专业上认可他,也可以在他的严谨度和认真的态度方面给予激励和肯定。

如何快速识别C型行为风格

语气:严肃、一板一眼……

表情:缺少表情……

着装:职业装、正装……

情绪:说教或者无视……

优势:有钻研精神、严谨……

不足:吹毛求疵、过于批判、自我孤立……

喜欢:精准、严谨、逻辑、专业度被认可……

害怕:工作出错、被批评、没有条理……

关注:流程、制度、分析、逻辑、数据……

典型小说人物代表:唐僧、诸葛亮……

唐僧的告白

要用数据和证据说话，要遵守规则和流程。

我会和别人保持距离，崇尚"君子之交淡如水"。

严肃和冷漠的表情背后，是我严谨而认真的态度。

我严于律己，但也严于律人，因为我相信没有最好，只有更好。

我信守承诺，答应别人的事情一定会做到，做不到的事情我不会轻易承诺。

我是谨慎的，凡事喜欢三思而后行，这也让我变得很难作决定，因为我总是有些不放心，总觉得可以更好。

2. C型诸葛亮的成功与失败

诸葛亮聪明就不用多说了，我们可以看到，他做事情永远是三思而后行，走一步想好多步，在军事上也有自己独到的策略（逻辑）。所以基本上他都可以根据敌人的行为风格，推测他们接下来可能做出的决策，再结合自己的军事才能（用我们现在的话来说，这其实就是他工作的专业度）制订应敌方案，甚至可以提前给出锦囊妙计。作为一个军师，他的军师形象是很专业的，可以称得上是古代军师的典范。

诸葛亮除了是杰出的政治家、军事家，历史上的他还是散文家、书法家、发明家。其散文代表作有《出师表》《诫子书》等，他还发明了木牛流马、孔明灯等，并改造连弩，称做诸葛连弩，可一弩十矢俱发。从这些成就可以看出他走的都是专业路线，把C型人的逻辑、高专业度和追求完美的特质展现得非常鲜明。C型人在追求完美这件事情上，有自己做事的一套标准，凡事都亲力亲为，力争做到最好。

诸葛亮54岁的时候病故于五丈原，一个很重要的原因就是他思虑过多，忧思成疾。他弥留之际，还不忘记嘱咐姜维等秘不发丧，杨仪等要缓缓退军。所以，当司马懿率军追击的时候，看到蜀军帅旗飘扬，诸葛亮羽扇纶巾坐在车里，司马懿还怀疑诸葛亮是故意设计诱敌，赶紧收兵掉头。这样就有了"死诸葛吓走活仲达"的故事。

所以说,思虑周全是好的,追求完美也是好的,但是也要尝试相信别人,培养其他人做事情的能力(反面案例比如领导嫌弃下属什么事都做不好,太太嫌弃老公衣服洗不干净,爸爸嫌弃儿子开车开不好……),学会放手,也给别人学习和成长的机会。

3. C型行为风格分析练习

C型行为风格的优势(请至少写3点):

C型行为风格的不足(请至少写3点):

在我看来,C型人的哪些行为模式我比较难接受(请至少写3点):

我该如何站在C型人的角度理解他(即C喜欢什么样的相处模式)(请至少写3点):

我该如何调适自己,让自己可以与C型人愉快地相处(即以我的行为模式,应该如何调适)(请至少写3点):

C型人根据对我的认知,给我的建议(尽量请对方给到你3点以上的建议):

第七节　行为风格是一把双刃剑

通过对几个三国人物的分析,我们看到,一个人的优势可以成就他,但也可以毁了他,这就是所谓的"水能载舟,亦能覆舟"。

《易经》里有两个卦对这点解释得非常好。一个是第十一卦"泰卦",一个是第十二卦"否卦",泰极则否来,否极则泰来。

泰卦的上六爻原文是"城复于隍。勿用师,自邑告命,贞吝。""城复于隍"的意思就是"城墙倒塌在护城壕沟里",说明形势已经向错乱不利的方面转化,其前景是不大美妙的。简单地说,就是"泰极否来"。

否卦的上九爻原文是"倾否;先否后喜。""倾否"的意思就是"否终则倾",也就是说闭塞到了极点必然要发生倾覆,物极则必反,否极了,那说明就要泰来了。

所以我们需要不断地修炼,遇到不好的事情,不要灰心,要不懈努力;在得意的时候呢,也千万要记住不要得意忘形,只有这样才能成为更好的自己。

第八节　DISC各型快速辨析攻略

前面我们在每一个特质最前面所提炼的,和下图所总结的行为,都可以帮助你简单快速地辨别一个人主要的行为风格特质。

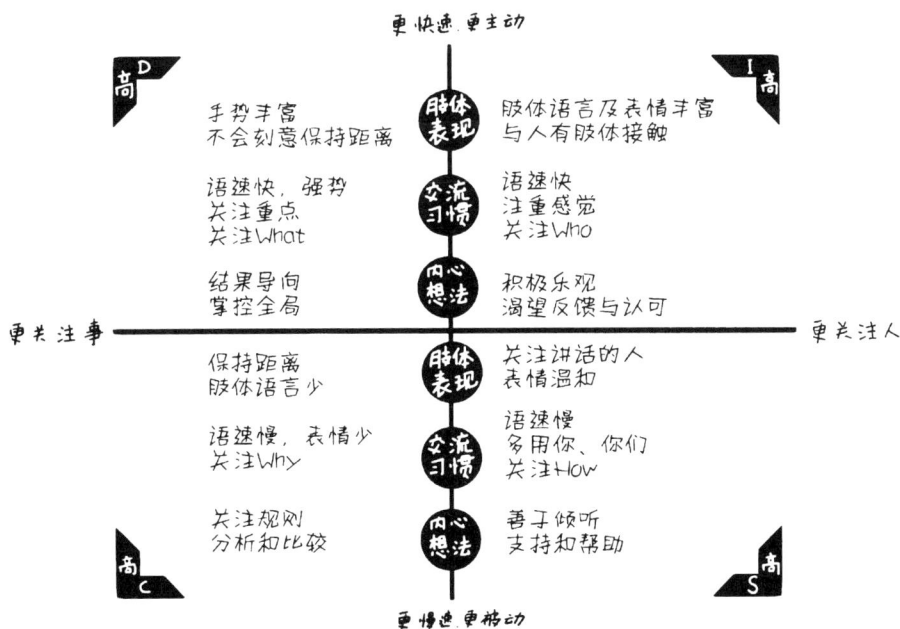

第九节 本章知识点回顾与学习笔记

我们每个人身体里都有 D、I、S、C 四种特质。

DISC 把人的行为风格分为 D、I、S、C 四种,这四型的人又被划分在两个维度的四个象限中。

两个维度:

更关注人——更关注事;速度快、更主动——更慢速、更被动。

四个象限:

D 象限:更关注事,更快速、更主动;

I 象限:更关注人,更快速、更主动;

S 象限:更关注人,更慢速、更被动;

C 象限:更关注事,更慢速、更被动。

一个人的优势可以成就他,但也可以毁了他,这就是所谓的"水能载舟,亦能覆舟"。

每种行为特质都有它的优势和不足,没有"这个好那个不好"之说。

第六章
DISC 在工作与生活中的运用

第一节　DISC 在沟通中的应用

其实我们从一生下来就已经开始和这个世界沟通了。我们用微笑告诉大人们我们很满意,用哭告诉大人们我们有需求或者不满意。

只是当我们慢慢长大之后,我们的沟通技巧不再仅仅局限于哭或者笑。我们通过观察、学习,不断提升沟通的技巧,以满足在社会上生存的需要。一个掌握良好沟通技巧的人更容易收获生活和事业上的成功。

刚入职场那会儿,我总是觉得工作就是工作,按流程做就好,也和大部分80后的孩子们一样,因为我们的害羞文化,总是不好意思夸奖别人,觉得夸奖就好像是在拍马屁,尤其是夸奖领导。

之后进入外企,我发现外国同事真的是毫不吝啬于夸奖你、赞美你,而同事之间因为有了这些夸奖和赞美,大家的心情都会变得更好。

后来我学习了一些自我修养提升的课程,慢慢懂得了,适度的、真心的夸奖和赞美是一种美德,它可以带给别人好心情,也可以在一些时候鼓励别人,带给别人继续前行的正能量。

学习了DISC之后，我发现，运用DISC的观察技巧和与不同风格特质对应的沟通技巧，还可以使我们在生活和职场上更容易获得对方的认可，更容易实现我们沟通的目标。

比如，以前我要找IT部门的同事帮忙，我只会简单地说出我的需求，表示客气和感谢。可是后来我明白了，IT男们大都C值偏高，会更喜欢你夸奖他的专业，向他请教一些专业的问题，你对他专业度的认可是给他的最大的鼓励和强心剂。也因为你对他们在专业度上的认可和鼓励，他们对你的认可度也会提升。

所以，当你可以站在他人的角度，用对方习惯与适应的沟通模式与他沟通的时候，你就会变得更受欢迎。

当然，我需要强调的一点是，沟通和赞美是需要建立在真诚的基础上的，工具仅仅只是帮助你掌握和提升沟通和赞美的技能。沟通有很重要的三个步骤：倾听、复述和反馈。因为这些不是本书需要阐述的内容，所以在此不做展开，这一章只针对如何运用DISC这个工具帮助你提升沟通技巧做相关的解说。

▍1. 如何与D型行为风格的人沟通

D型行为风格的人关注目标和结果，他行动速度快，霸气有余，耐心不足。和D型人的沟通要讲结果、讲重点，不需要太多的拐弯抹角。

在与D型人的沟通中，大家可以参考《金字塔原理》一书中的"结论先行"一条。就像在和老外写邮件或者向其做汇报时，往往都是先讲目的或者结果，而不需要像我们传统中那样，客套一大堆再含蓄地讲出目的。比如你写邮件的开头就可以是"Dear Judy, I need your help..., because..."

当然，在整个过程中，你要抓住D型人喜欢权力和地位的特点，满足他内心的掌控欲，让他有一种此事只有他才能做得了主，也唯有他才能搞得定的感觉。

一位D型的老板，他会更喜欢你有独立处理工作的能力，你只需要按期

交给他完美的工作成果就好。如果你有问题,可以向他请教,但请问一些有高度的问题,注意言语要简洁。

　　D 型人是目标导向,并且讨厌啰唆。一句话能说清楚的,一定不要用两句。

2. 与 D 型人沟通的技巧提升练习

在我的行为风格特质之中,主要呈现了哪些特质?

在与 D 型人的沟通中,对于我而言最大的障碍有哪些?

我将通过哪些方法克服这些障碍?

D型人对于我的方法,给予我的建议:

沟通后确定的最终改善及实践方案:

3. 如何与I型行为风格的人沟通

I型行为风格的人注重感觉,期待被人赞美,喜欢自己说多过于听你说,只是他在说的时候,很需要你的回应和认可。

与I型行为风格的人沟通,最好要在让他感到轻松舒适的环境下进行。沟通前先赞美他,批评前更要先赞美他。

韦小宝就是一个很好的例子。在众多影视版本中,我觉得陈小春尤其把这个角色的人物性格表现得淋漓尽致,他演绎出的那种享受人家拍他马屁、赞美他时的神情,和那些人家拍他马屁时候他暗爽的心里独白,足以体

我喜欢的沟通方式
先谈交情,再谈事情
热情健谈,和谁都熟
情感丰富,易有情绪
天马行空,思维跳跃

现一个典型的 I 型人的内心世界是多么需要别人的夸奖和赞美。当然,他赞美人的功力那也是很高的,不管是至高无上的皇帝,一本正经的陈近南,还是众多不同性格的老婆和同事们,他能把他们各个都赞美得很高兴。

对 I 型人切记切记,先处理感情,再处理事情。如果感情还没培养好,你就直入主题,他还没做好心理准备,就很难接受你和你所说的话。

4. 与 I 型人沟通的技巧提升练习

在我的行为风格特质之中,主要呈现了哪些特质?

在与 I 型人的沟通中,对于我而言最大的障碍有哪些?

我将通过哪些方法克服这些障碍?

I 型人对于我的方法,给予我的建议:

沟通后确定的最终改善及实践方案:

5. 如何与 S 型行为风格的人沟通

S 型行为风格的人喜欢没有压力的环境,喜欢稳定。和 S 型人沟通要让他没有压力,让他有安全感。

前文提到过,S 型人是支持者,他们不太善于拒绝人,可是这并不代表他们没有自己的想法,也不代表他们心里不会委屈、不会生气。

不过无论如何,S 型人还是一定会尽自己最大的努力去帮助你。所以对于这样贴心的小伙伴,更多地是要好好呵护,不要随便欺负他。

在与 S 型人的沟通过程中,语气要尽量温柔一些。S 型人行动比较慢,所以和他们沟通语速也要放慢,注意他们是否能跟上你的节奏。

同时,如果你请 S 型人帮忙做一件事情,S 型人会比较喜欢你告诉他,一步一步需要怎么做。所以,在和他沟通的时候,你需要比较明确地告诉他,他需要如何一步一步地去完成这件事情,而不是仅仅告诉他去完成个什么事。同时,因为他不善于拒绝,你记得要观察和询问他是否有困难。

举个例子,你需要请 S 型人的小伙伴预定晚上吃饭的地方,你最好明确地告诉他定哪一家、几点钟、几个人,要不要包房,如果选大厅要靠窗的位置还是安静的角落,而不只是告诉他晚上要请小伙伴吃饭,让他帮忙安排一下,这样他容易手足无措。

我喜欢的沟通方式

细声细语,温和耐心
节奏要慢,不要心急
不懂拒绝,请爱护我
你要教我,别让我想

6. 与S型人沟通的技巧提升练习

在我的行为风格特质之中,主要呈现了哪些特质?

在与S型人的沟通中,对于我而言最大的障碍有哪些?

我将通过哪些方法克服这些障碍?

S型人对于我的方法,给予我的建议:

沟通后确定的最终改善及实践方案:

7. 如何与C型行为风格的人沟通

C型行为风格的人很注重规则和流程,并相信数据和事实。C型人喜欢专业的环境,一本正经的沟通。

和C型人沟通,你只需要够专业,能就事论事即可。如果你拿得出理论和证据,表明你的观点是有理有据的,C型人便会认可。但是如果你没有充分的理由可以说服他,他是坚决不会妥协的。

当然,在这里我要强调一点,这个理由是他认为的理由,而不是你认为的。千万不要以为,你有了逻辑、数据、证据等一堆东西就能说服他,如果这堆东西和他脑子里的程序不匹配,那就等于0。

和C型人沟通,你还必须有专业深度,或者是虚心的态度。请你习惯他的一本正经和公事公办。

> 我喜欢的沟通方式
>
> 要守规矩,要有章法
> 要有逻辑,思路清晰
> 就事论事,公平公正
> 既有专业,又有深度

8. 与C型人沟通的技巧提升练习

在我的行为风格特质之中,主要呈现了哪些特质?

在与 C 型人的沟通中,对于我而言最大的障碍有哪些?

我将通过哪些方法克服这些障碍?

C 型人对于我的方法,给予我的建议:

沟通后确定的最终改善及实践方案:

9. DISC 沟通总结图

这张图罗列了 D、I、S、C 四型人在沟通中常见的语言和肢体行为,大家可以通过对这些行为的记忆,在与他人的沟通交流中,简单快速地对他人的行为风格进行一个大致的判断,并用对方喜欢的方式与对方沟通,达到事半功倍的效果。

针对每一型的行为风格,请将字母两边文字框里的内容如图进行组合。

D = 上 + 左

I = 上 + 右

S = 下 + 右

C = 下 + 左

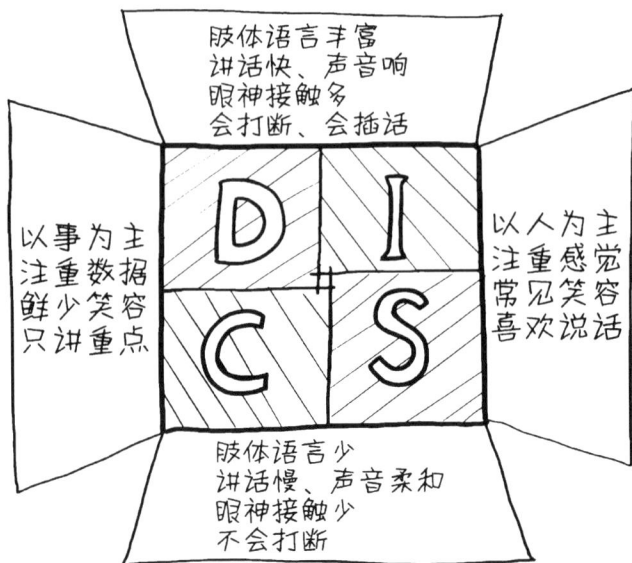

肢体语言丰富
讲话快、声音响
眼神接触多
会打断、会插话

以事为主
注重数据
鲜少笑容
只讲重点

D I
C S

以人为主
注重感觉
常见笑容
喜欢说话

肢体语言少
讲话慢、声音柔和
眼神接触少
不会打断

第二节　DISC情绪与压力管理

每个人都有自己的情绪,那情绪和压力到底好不好呢? 我们应该如何与它们和睦相处呢?

很多人一说到情绪,就会觉得是一件不好的事情。其实,情绪也有好有坏,有开心的和不开心的。开心的情绪使我们心情愉悦、身体健康,整个人看上去容光焕发。不开心的情绪就容易让人心情低落,处理得不好还会影响身体健康,"容光焕发、一脸灿烂、美貌动人⋯⋯"这一连串的词就再也和你没有关系了。所以我们要学习的是知道自己或是他人的情绪容易因哪个点被引发,然后在与自己和他人相处的时候,尽量引出正面、开心的情绪,而不是负面、不开心的情绪。

压力也是相似的。每个人都有可能感受到压力,也许是积极、正能量的,也许是消极、负能量的。正能量的压力赋予你生活和工作的能量与动

力,负能量的压力让你开始逃避和放弃。

比如你和自己喜欢的男生谈恋爱了,你可能会心情愉悦,也因为在乎这个男生,所以更注重穿着打扮和内涵提升了。于是你开始减肥,买新衣服,精进厨艺等等。后来那个男生和你结婚了,还有了一个可爱的宝宝,这时候男生就想了,哎呀我们现在有了孩子,生活成本一下子上去了,我要更努力地工作才好,更好地承担起家庭的责任。你看着你老公早出晚归很是心疼,就琢磨着,是不是自己可以再多挣一点钱贴补家用,于是你又想办法在工作之余接了一点其他的活。终于,通过你们两人的努力,慢慢地,你们的生活过得越来越好了。

可是如果同样的压力,男生觉得多了个孩子怎么开销那么大,女生又觉得,怎么老公婚后不像以前那样愿意陪我了,两个人开始抱怨和逃避,那结局就可能大不一样。

所以,我们看到,情绪和压力都是有好有坏的,而很多时候情绪和压力的好坏不单单取决于事情本身,更取决于你面对它的态度。在这本书里,我想要和大家分享的内容只是情绪和压力与行为风格特质有关的那一小部分,主要包括各个行为特质的人在什么情况下容易产生情绪和压力,并给出与之相对应的调适建议。

1. D 型人的情绪与压力管理

D 型人的压力来源

目标达不成、被忽悠利用、带领的团队或者重要的人跟不上自己的步伐导致进度被拖后腿等。

D 型人的不安全感来源

地位被威胁、权威被挑战、无法掌控全局等。

D 型人的情绪反应

急躁、不耐烦、说话大声、说话冲、骂人,甚至动手摔东西或者打人……

千万记住这时候谁撞枪口一定会很惨,如果以后碰到 D 型人发脾气,千万要走开,让他自己冷静就好。

D 型人的情绪压力调节

管理好自己的权力欲和控制欲,多一分从容和安定。

学会控制自己的情绪,遇事不要暴躁,凡事三思而后行。

制定一个合适合理的目标,或者把长远目标分解成一个个容易实现的短期目标。

有时间可以多去大自然走走,感受一下大自然的恬静,也可以多听一些优美的音乐,让自己柔和一些,温暖一些。

挑战目标和结果固然很有趣,可是沿途的风景也一样可以很美丽。

有情绪和压力时默念的咒语

"我要冷静! 我要冷静! 我要冷静!"

2. I 型人的情绪与压力管理

I 型人的压力来源

不能融入群体、环境,对所做的事情过于严肃和呆板,被迫长时间做需要有耐心或静心的事情等。

I 型人的不安全感来源

小情绪得不到理解和安慰、不被大家喜欢等。

I 型人的情绪反应

大哭,需要立刻找对象倾诉自己的心情,立即表现出不开心的情绪,出现攻击性或挑衅的语言等。

小情绪上来了,I 型人才不管何时何地,也不管你是谁。其实这时候,I 型人需要的只是你的安慰或是一个暖暖的拥抱就好,他其实只是想要你的关注和关心。

I 型人的情绪与压力调节

要学会控制自己的情绪,不要一不开心就有小情绪。

不要过度热心,不该问的问题不问、不该管的事情不管。

不要总是凭感觉去判断问题,也不要太在意别人的关注,要学会自己也能开开心心。

有空时可以多培养一些让自己静下心来的兴趣爱好,如茶道、插花、瑜伽等,培养一下自己的耐心。

有情绪和压力时默念的咒语

"我要淡定!我要淡定!我要淡定!"

3. S型人的情绪与压力管理

S型人的压力来源

需要做决定，尤其是重大的决定；环境或工作发生改变或节奏过快；参加社交或应酬；公开演讲或表演；不懂得拒绝而给自己带来困扰等。

S型人的不安全感来源

对事情的不确定性、对感情的不确定性等。

S型人的情绪反应

因感到害怕、不知所措、紧张而盲目的道歉，不敢说不敢问，一个人默默承受压力，一个人躲起来哭等。人家说，爱要勇敢说出来，其实很多事情，作为一个S型人也要尝试着说出来，说出来心里就已经舒服很多了，也更容易让周围人明白你的需要。

S型人的情绪与压力调节

要学会拒绝别人。

要学会自己作决定。

尝试勇敢地去面对，表达出自己的意见或想法。

在需要的时候，与人进行沟通，甚至可以去向别人寻求帮助。

凡事不要自己一个人默默地承受，当你勇敢地跨出第一步，也许就会慢慢发现，其实世界没有你想象的那么高傲，还是有很多小伙伴很乐意帮助你、支持你的。

有情绪和压力时默念的咒语

"我要勇敢！我要勇敢！我要勇敢！"

4. C 型人的情绪与压力管理

C 型人的压力来源

专业或理念不被认可或受到质疑、别人做事达不到自己无瑕疵的完美要求等。

C 型人的不安全感来源

处于不专业的环境、做事情无章法可循等。

C 型人的情绪反应

内心极度想不明白，独自不停地想甚至钻牛角尖，但又压抑自己的情绪；逃避问题；和自己生闷气；对自己身边亲近或信任的人生闷气；冷战不说话等。

其实世界上的很多科学创造也是来源于突发奇想，所以，其实很多时候，多一些可能性、多一些角度来思考未必是不好的。

C 型人的情绪与压力调节

要学着接受和包容，世界本来就是不完美的。

把视野放宽些，细节虽然很重要，可是大局观也很重要。

凡事尝试从多个角度去看待问题，这个世界很多时候并不是非黑即白的，就好像 1+1 也可以有 ≠ 2 的时候。

所以不要把自己局限在自己的角度里，更不要钻牛角尖，这样只会徒增烦恼，多看看这个世界的可能性吧，这个世界还是很精彩的。

有情绪和压力时默念的咒语

"不能固执！不能固执！不能固执！"

5. 情绪与压力改善

我是属于何种行为风格特质比较明显的？

一般什么样的情况容易让我产生情绪或者压力？

我今后在有情绪和压力的时候,可以如何改善和避免产生不好的情绪与压力？

第三节　DISC专业选择与就业

一个要选择专业的学生或者应届毕业生需要更注重内在的自己。因为在这个阶段,你拥有很大的选择空间。

因为这时候,你还没有起步。如果步入职场10年以后,你才发现工作不适合你,想要重新开始,虽然也不是不可能,但是会很难。如果可以一开始就选一条适合自己的路,为什么不呢？

对于已经工作的人，你就要看到自己的行为风格在工作中的优势和弱势。你需要根据所从事职业的岗位需求调适自己，使自己能适应岗位的需求。

如果你初入职场才一两年，想要调整工作方向还是相对可行的，但是你需要做好从头再来的心理准备。你的专业知识、前一两年的工作经验、在这个行业的人脉等，这些有一大半可能就要浪费了，你需要重新花时间开始学习新岗位的知识和技能，开始积攒新行业人脉。

如果你已经在一个岗位上 5 年以上，那么请你务必要慎重转型。如果你觉得一定要转型，请先想办法积累你想转去的那个岗位的知识和经验，然后争取内部转岗，这样可以大大降低转岗所带来的隐患和风险。

对于企业来说，员工能否胜任一个岗位是看多方面因素的，其中主要包括员工的能力、意愿还有个性。

其实对于组织而言，在大部分情况下，组织只要管理好员工的行为（比如工作仔细、待人热情、目标感强等），就可以达到组织绩效目标了。对于一个优秀的职场人来说，他在职场这么多年，是应该有调适自己在工作中的行为的能力的。DISC在其中的作用，就是帮助企业和员工自己更清晰地了解员工的行为风格,并进行符合岗位需求的调适。

我们在前文说到过,D、I、S、C四个因子在我们的身体里都是存在的,所以你最终的选择是要把你自己各个因子的占比综合起来看,而不是单看最高的一个,这点大家要切记。另外要提醒大家的就是,DISC只是一个工具,它是你作判断时的一个有效的辅助工具,但是你不能依赖它。因为人本身就是复杂的,人的行为也是受环境影响而变化的,所以你的战略方针是需要根据情况实时把控的,就像医生开药,也会根据病情变化和患者对药物的反应,不断对处方做出调整。

本篇会给D、I、S、C四型人在择业和选择专业时的一些建议,供大家参考。对照乔哈里窗(可参见本书后文"专业报告解读指引"部分,也可在网络上进行查询)我们可以发现,人对自己的认知也是有可能产生盲区的,所以在需要做出重大决定的时候,我还是建议找专业的测评机构和测评分析师为你做分析,参考专业数据和专业人士的意见和建议。

1. DISC四型人的学习与职业生涯规划

D型人的学习与职业生涯规划

D型人喜欢有挑战的工作,讨厌一成不变,也渴望成功,追逐更高的权力和地位,喜欢征服一个又一个高峰。

D型人比较适合的职业参考

老板、高管、销售、律师(还需要有较高的C型特质)、政府官员(还需要有较高的I型特质和C型特质)等。

D型人选择专业的推荐参考

参照适合的职业,反推在高中时应该选择文科还是理科,大学时选哪个专业。

I 型人的学习与职业生涯规划

I 型人喜欢轻松、愉快、有趣且可以发挥创意的工作环境,喜欢展示,并期待在聚光灯下得到赞美。

I 型人比较适合的职业参考

演员、设计师、广告创意、公关、导游、市场营销(还需要有较高的 D 型特质和 C 型特质)等。

I 型人选择专业的推荐参考

参照适合的职业,反推在高中时应该选择文科还是理科,大学时选哪个专业。

S 型人的学习与职业生涯规划

S 型人喜欢没有太大压力、一成不变的工作,是很好的支持者。他不喜欢需要自己做决定或是很复杂的工作。

S 型人比较适合的职业参考

社工、行政、后勤、秘书、幼教(还需要有不太低的 I 型特质)、客服(还需要有较高的 I 型特质和 C 型特质)等。

S 型人选择专业的推荐参考

参照适合的职业,反推在高中时应该选择文科还是理科,大学时选哪个专业。

C 型人的学习与职业生涯规划

C 型人追求精益求精的完美,注重逻辑、数据、规则、流程等,并有耐心处理复杂繁琐的数据。

C型人比较适合的职业参考

医生、财务、学术研究、工程师、飞行员、执法人员、讲师（还需要有不太低的D型特质或I型特质）等。

C型人选择专业的推荐参考

参照适合的职业，反推在高中时应该选择文科还是理科，大学时选哪个专业。

▎2. 学习与择业的思考练习

我主要的行为风格特质是什么，我的行为风格有哪些优势和不足？

我希望从事的职业有哪些？

我希望从事的职业相对应的报考专业有哪些（已完成"报考"人生阶段的小伙伴此项无需填写）？

这些专业中哪些更适合我的行为特质去学习（已完成"报考"人生阶段的小伙伴此项无需填写）？

这些职业所需要的主要的行为风格特质有哪些？

熟悉我的人给我的建议有哪些？

就我而言,我更愿意为理想和兴趣努力,还是更愿意选择事半功倍的方式？

综上所述,我更适合做怎么样的选择？

第四节　DISC在营销与客户服务中的运用

随着卖方时代的结束，产品的可复制化程度越来越高且越来越迅速，而产品价格则越来越低也越来越透明化。服务已然成为产品销售和再次销售环节中的一个非常重要的竞争因素了。将来，服务在企业市场占有率中所发挥的作用的比重也将会越来越大。

从以前的海尔，到后来的海底捞，我们真真切切地看到，好的服务是有价值的，不仅可以提升品牌的价值，还可以直接反映在销售额以及市场占有率的增长上。

消费者其实是愿意为服务买单的，只要你能够提供优质的服务。最直白的例子就是，在一些高档的场所消费时，我们会愿意为其优质的服务支付服务费。如今，淘宝的店家也大都很重视客户的满意度，为了五星的好评煞费苦心。

既然服务那么重要，DISC在营销与服务中又可以提供一点怎样的帮助呢？我们知道，为客户提供良好的服务，除了了解产品、有良好的服务意识之

外,对客户的敏感度也是非常重要的。作为营销和客服人员,你有必要掌握和提升自己对人的敏感度,争取在最短的时间内了解客户的关注点,并调适出客户喜欢的沟通与服务模式。这就是所谓的用客户需要的模式为其提供服务。抓住客户关注的点,能有效地帮助你提升客户的产品购买率和客户的满意度。

那么到底如何学会快速抓住客户行为风格上的特质,改善沟通技巧呢? 就让我们一起来学习接下来的篇章吧。

1. 如可与四型的客户沟通

D 型客户

目标性强、关注结果、喜欢掌控全局、说话直接。

销售与客服策略

讲重点;讲收益;让 D 型客户有掌控全局的感觉;让 D 型客户感觉选择了这个产品能展现他的身份与地位;不要和 D 型客户争执;让 D 型客户做选择题和判断题;不要害怕被拒绝,要勇往直前。

D 型客户就是这样一个矛盾体,他既喜欢掌握全局,又享受征服的过程,越是搞不定的,他越是想去搞定,也越享受这种征服感,所以在这一点上的把控大家要注意。对 D 型客户你不是要一味地退让,而是要想办法让他产生一种想要搞定这件事的感觉。

话术参考

D 总,您看我们为您公司提供的 A 方案和 B 方案您更倾向于哪一个? 方案中如果还有设计得不够好的地方,还请您多指教。

D 总,这个是我们今年新的理财产品,在其他条款都没有变化的情况下,投资收益率可以增加 2%。

I 型客户

注重感觉、注重颜值、喜欢愉悦的氛围、喜欢说话。

销售与客服策略

喜欢帅哥美女或者有品味的人；喜欢新颖或者有品位的产品；精致的包装和精美的小礼品对I型客户也很有杀伤力；要照顾好他的感觉，千万不能爱理不理。

I型客户就是这样一个人，凡事先讲感觉，比如接待他的你是否打扮得有品位，环境是不是优雅又有格调，有没有一个精心挑选的伴手礼，尤其是消费完成后你是不是继续关注他的感受，这些都决定了下一次他还会不会选择你。

话术参考

I总，这款手机时尚美观，最适合您这样时尚又会打扮的女士了。

I总，方案的事情先不急，您看这家咖啡店环境那么好，我们先享受一下午后的阳光和美味的咖啡再谈方案，您看怎么样？

S型客户

亲和友善、忠诚度高、不善于作决定、害怕有压力、不善于把心中的问题说出来。

销售与客服策略

提供亲切且让客户没有压力的销售环境与服务；主动发觉客户的潜在疑虑；身边人的决定对他的决定有很大的影响；有耐心的引导，在时机成熟时引导客户作决定。

S型客户害怕有压力，甚至销售或客服人员太过热情也会让他产生压力，让他变得想要逃跑。如果你能让S型人成为你的客户，大部分情况下他会一直是你的客户，因为S型人不喜欢改变，忠诚度很高。

话术参考

S总您看，您的太太和女儿对我们学校的课程都非常满意，您是否为您的女儿报读我们学校的课程呢？她在这里学习，一定会非常愉快的。

S总，我们和您公司已经是多年的合作伙伴了，相信我们今后的合作也会一如既往地愉快的，这是我们准备的续签合同，麻烦您看一下有没有问题，没有问题的话，麻烦您在这里签个字。

C 型客户

追求完美、注重流程、关注事实和证据、喜欢看分析报告和数据、注重细节、看重专业度。

销售与客服策略

提供详细精准的数据报告；提供专业的咨询和服务；详细解说产品细节、付款方式和售后服务等；不要太热情洋溢，要显得专业和稳重。

C 型客户追求完美，尤其注重数据和细节。为 C 型客户提供咨询和服务的时候，一定要清清楚楚地拿出数据，尽量避免用"大概、可能、大约"这些带有不确定性的词语。同时不要太过热情，太热情 C 反而会觉得你不稳重、不专业。

话术参考

C 总，这个房型总面积 158.88 平方米，三房两厅两卫，两个房间朝南适合做卧室，朝北的房间可以用作书房，您的孩子明年要高考，有一个独立的书房可以更安心地复习功课。这个小区距离您孩子的学校步行也只有 5～8 分钟的路程，假设每天省下 1 小时的路程，一个月就可以至少多出 20 个小时的复习时间。您看这是我们为您准备的房型图。如果您有不清楚的地方我再解释给您听。

C 总，下午的会议将在 2 点准时开始，公司的 8 位总监会全体出席，今天一共讨论 3 个议程，这是参会人员的名单和讨论的议程，请您过目。

2. 客户沟通技能提升的练习

我的重要客户分别是哪些行为风格？

这些行为特质主要关注的是什么？

他们喜欢什么样的沟通方式？

我主要的行为风格特征是什么（优势与不足）？

与我的重要客户相处时我可能遇到的困难是什么？

我将通过何种方法去解决或者改善可能遇到的困难？

第五节　DISC恋爱与婚姻关系

常有人问我，要找的另一半性格是相似好，还是互补好？到底什么样性格的另一半才合适我？

其实，合适不合适更重要的是这两个人价值观是不是一致，而非个性上的合适不合适。

我的老师赖凌云先生说过："婚姻里没有性格不合这一说，只有三观不合、不愿意改变、不理解和不会调适。"

作为独生子女的我们，习惯了以自己为中心。而只有当你心中有爱，当你喜欢一个人的时候，你才会愿意更多地为对方考虑。

相比我们的父母辈，我们这一辈的婚姻中更多地融入了爱情的元素，但又似乎少了点学着彼此磨合、共同面对生活的耐心。而其实我们这一代接受了比上一辈更多的教育，所以我觉得我们应该比上一代人拥有更多的智慧去化解感情和婚姻中的各种问题，同时也应该更懂得如何去经营感情和婚姻。

关于相似和互补，我认为各有优势也各有不足。重要的是你自己怎么去认知自己和自己的另一半，了解彼此的优势和不足，互相理解、互相包容和互相帮助，能够求同存异，这些才是婚姻中最重要的。

网上有个帖子，对"三观不合"的定义我觉得很有意思："你喜欢看书，他喜欢玩游戏，这不叫三观不合；你喜欢看书，他说看书有什么用？不就是装文艺吗,这就叫三观不合。你喜欢去日料店吃料理,他喜欢在大排档撸串,这不叫三观不合;但是他说那玩意太贵,还不好吃,说这是浪费,这就叫三观不合。你喜欢假期去旅游,他喜欢宅在家里,这不叫三观不合;但他说旅游有什么好,不就是花钱出去折腾,在家躺着多好,这就叫三观不合。"

基本上大家会不太理解"个性合适的人会不合适",就以DISC四型人的行为特质举例说明吧。

D的两口子,容易都很强势,也喜欢征服和冒险,容易各自忙碌,很可能没人顾家,让家变得像旅馆一样。(更重要的是,一山也容不下二虎)

I的两口子,容易凡事都由着自己的性子来,今天这样,明天那样,凡事都没一个坚持,更没有计划性。

S的两口子,容易凡事都没有主见,家里有个什么事情,兴许也没人能扛下来或者拿个主意的,很可能什么事情都没人做主。

C的两口子,容易凡事都需要逻辑和理论,辩个是非对错,可家本来就是一个更需要爱的地方,而不总是争个对错。

所以,个性上的合适不合适并不能决定好或者不好,只是不同的组合,要学习的调适方法不同而已。个性相似的两个人,要学习如何一起去补短,避免短处叠加变成更大的短板。而个性互补的两个人,要学习如何互相理解、接受和体谅对方的不足,让对方之长,补自己之短。

并肩才能同行

其实不管是哪一种关系,当两个人处于对立状态的时候,当你们想要往前走并到达前方目的地的时候,只有两种可能性:一种是相撞,而且越往前走,撞击就越厉害(矛盾与冲突就越明显),互相伤害,无法到达目的地;另一种是避让,为了防止相撞,在发生相撞之前或相撞之后绕过另一方进行避让,继续往前走,到达目的地,只是这也让你们渐行渐远,你的彼岸并非他的彼岸。

只有当你们并肩同行的时候,你会发现,你们不仅走得会比处于对立面状态的时候顺畅许多,也会发现,此时此刻,你们走得越久,走得越远,也就离你们共同的目的地越近了。

好的感情和婚姻都是需要经营、更需要磨合的,你和你爹妈还会闹别扭呢。好的一家人并不是没有不同意见或没有矛盾,而是会把这些不同意见和矛盾说出来,然后共同去解决。即使会有争吵,但始终不会影响到彼此之间的感情,更不会妨碍彼此继续成为相亲相爱的一家人。

1. D型人的婚恋关系

D型的另一半

D型人非常清楚自己要什么,事业心重,也很强势,家里有什么事情可以挡在前面挺身而出,但是也容易因为把重心放在事业上而忽略了家庭。他偏理性,感情在他的生活里占的比重不大,因为在他看来,他有太多的事情要做,所以感情对他来说只是 1/N。

他性子急、脾气容易暴躁,说话有时候很冲。你需要多给他一点耐心,他发脾气的时候你别太当回事,学会以柔克刚。他冲动的时候,小事随他去,大事你得拉着他,让他三思而后行。给他时间和空间去做他想做的事情,他有空的时候自然会睬你的。发给他的信息,他想回的时候自然会回给你,他不回的时候,你就做点自己的事情吧。

他会努力工作承担起这个家的责任,所以,家里的事情你就多担待着点,毕竟对他来说,生活中理性的思考远远超过感性的体验。

D型人需要的自我调适

因为讲的是调适,所以优点在这里就不多说了,讲讲需要改进的地方。还记得张爱玲的《红玫瑰与白玫瑰》吗?"也许每一个男子全都有过这样的两个女人,至少两个。娶了红玫瑰,久而久之,红的变了墙上的一抹蚊子血,白的还是'床前明月光';娶了白玫瑰,白的便是衣服上的一粒饭粘子,红的却是心口上的一颗朱砂痣。""得不到的才是最好的"这句话会比较适合 D

型人。追求新的挑战和征服新的高度与领域用在工作上固然是好的,可以成就你的事业,不过用在感情上真的是不太适合,毕竟感情需要的是专一和持之以恒。如果一定要给感情和婚姻设定一个挑战的目标,那么可以把目标设定得远大一点,所谓挑战和新鲜感,不是和未知的人不断去做同样的事情,而是和已知的人一起去体验未知的人生。

同时,D型人对感情和另一半的关注度会比较低,在D型人的世界里,有太多的新鲜事物等着你去探索和征服。只是还是希望你至少可以花一点时间静下心来思考一下,若是有一天你真的征服了天下坐拥江山,却也真的变成了寡人,这胜利的果实没有人陪你分享,你的江山没有人来继承,你要独自老去,你真的想要这样孤单的胜利吗?

每个人追求的目标不一样,如果你内心最深处确定你只需要事业而不需要人陪伴和分享,那也是一种选择。而如果你还是希望有人陪伴,希望有人与你一同分享"征服天下"的历程,请给你的另一半多一点关怀。

2.I型人的婚恋关系

I型的另一半

活泼可爱,喜欢说话,也懂得浪漫,有很多新奇的点子,会给你的生活带来很多乐趣和惊喜。他讨厌无趣的生活,更讨厌被冷落。所以,你要做一些让他觉得有趣的事情来配合他,不然的话,他会觉得生活很枯燥乏味。

I型人的思维很活跃,你和他在一起虽然会有很多的浪漫和乐趣,但是他也从不消停。他容易情绪化,如果不开心了,还容易有各种小情绪。

他时刻都需要你的关注和夸奖,若是缺少了你的关注和夸奖,他就会觉得感受不到你的爱。

I型人活在当下,对将来的事情缺少规划性。家里的事情你要多规划些,因为他会更多地选择享受当下的生活。

I型人需要的自我调适

你喜欢各种各样有趣和新鲜的事物,好多的事物对你来说都很有趣。可是对待感情一定要专一,千万不要学习韦小宝哦。

可以和你喜欢的人寻找一些共同的爱好,一起去做一些有趣的事情。比如一起去看看世界各地的风景,一起来个摄影之旅或者美食之旅。

你有丰富的情感,鲜明的喜怒哀乐,人生可以体验各种情绪其实真的是不错的。只是有时候,不是每一个人都对情绪有这么强烈的感受,也不是每一个人都可以习惯这么浓烈的情绪,所以要学会适时控制一下自己的小情绪,也多考虑一下另一半是不是可以经常承受你这样阴晴不定的小情绪。

在你发泄小情绪的时候,也要注意场合,如果在外面,一定要给你的另一半留面子,别让他在外面难看哦。

对I型人来说,人生苦短,及时享乐是比较好的状态。可是记得要提升对你另一半的稳定性,要学会不断在他的身上发现闪光点和有趣的地方。你是一个懂得制造乐趣,也可以给对方带来乐趣的人,我相信,你完全可以用你热情的气息感染你的另一半,带着他一起寻找到属于你们两个人的乐趣点。

还记得电视剧《我的前半生》里的薛珍珠阿姨吗?鲜艳的服饰搭配大红唇,夸张的表情加语言,和谁都自来熟,一个典型I特质占很大比重的人物。虽然是一个有那么点小市民的上海阿姨,也真的是在众多上海爷叔里面挑挑拣拣地掐尖,但珍珠阿姨一旦认定了宝剑爷叔之后,是一心一意对他好的,即使宝剑爷叔瘫痪在床,她也不离不弃,虽然她还是那么地热情,还是那么地花枝招展。所以,即使I特质高,也是可以很专一的,并不是每个人都像韦小宝的。

▲ 3. S型人的婚恋关系

S型的另一半

是很好的奉献者,会把家里照顾得很好,忠诚度和稳健度都很高。他就像一只可爱的小蜗牛,虽然不会像老虎那样奔跑,却有着自己的坚持,背着自己的梦想一步一步往前爬,纵使知道自己的力量微不足道,却始终坚持不放弃。

他有不开心一般不会说出来,会选择默默忍受,为了让家人开心,他宁愿牺牲自己的想法。

他喜欢简单安稳的生活,不喜欢变化,一般而言,事业不会是他生活的重心,家庭才是最重要的。正因为他大多数时候选择了默默地付出和承受,所以更需要另一半主动地关怀和理解。多给他一些关心和爱护,他要的真的不多,你一点点的关心就会令他很满足。

S型人需要的自我调适

你把太多的重心放到了你在乎的人身上,为另一半考虑太多,凡事以另一半为先。也许对你来说,这就是你喜欢他的方式,简单善良的你总是一心一意且毫无保留地对另一半好。因为感情和家人在你心里甚至比你自己都重要。

只不过很多时候,也许你的另一半会希望你更独立一些,有一些自己的想法和主见。毕竟我们每个人都是一个独立的个体,先要懂得爱自己,才有能力去爱别人。给予别人太多的爱,有时候别人也会觉得有压力,淡一些也许反而会更好。

不要想着依附于别人,让自己独立才会变得更可爱,更迷人。

比如《我的前半生》里的罗子君,以前总想着依附于陈俊生,后来又将就着觉得老金可以依靠,但最终只有当她拥有她自己的事业的时候,才真正拥有了选择爱情的权利。当她拥有自己的事业和梦想的时候,曾经一心想要和她离婚的陈俊生也后悔过,再也不敢小看她,对她刮目相看;曾经觉得她只是一个寄生虫的贺涵,也为她的努力和坚持所倾倒。

也许这就是人生,我们总是要有勇气去做一些改变,成为更好的自己,才能拥有更多所期待的幸福。也只有先学会爱自己,才会拥有更多爱别人的力量。所以,多给自己一些勇气,去遇见更好的自己。

4. C 型人的婚恋关系

C 型的另一半

很有责任心，承诺的事情一定会做到是 C 型人的优点。他不会轻易承诺你什么，但是只要他承诺你的事情，如无意外情况，他一定是会做到的。虽然 C 型人不会说什么甜言蜜语，也不会有太多浪漫的举动，但靠谱是 C 型人最大的优点。

他有自己的逻辑，你很难改变他，所以非原则性问题就随他去吧，别和他较真，否则你会把自己气死的。但是基本上原则性问题他是不会犯的，因为他太有原则了，过不了自己那一关，所以你大可放心。

一些重大的事情，如果你要说服他，那就用数据和证据说话。毕竟 C 型人还是一个讲道理的另一半，虽然有时候真的有些固执。

C 型人需要的自我调适

有原则，有自己的坚持是一件好事情。只是很多时候，C 型人要明白家是一个藏爱的地方，而不是讲理的地方。

杨绛先生在《我们仨》中曾经写道："我和钟书在出国的轮船上曾吵过一架，原因只为一个法文的读音。我说他的口音带乡音，他不服，说了许多伤感情的话。我也尽力伤他。然后我请同船一位能说英语的法国人公断。她说我对、他错。我虽然赢了，却觉得无趣，很不开心。"也许这就是人家说的"输了你，赢了世界又如何"。

很多事情，并不是什么大是大非的原则性问题，那又为什么一定要争一个输赢呢？很多事情，也并不是非黑即白的，那又何必争个结果呢？如果争赢了，你们两个都未必会觉得开心，而认个输，哄得另一半开心你也开心，又何乐而不为呢？从这个角度来看，有没有觉得，赢既是输，输既是赢呢？

也希望 C 型人多一点点的浪漫和温柔。也许在你看来，实实在在地做比用嘴巴说来得实在。可你有没有想过,你若是什么都不说,对方又怎么知道你内心最真实的想法呢?很多时候,言语的表达也是很重要的,这也是两个人之间最重要的一种沟通方式。"我爱你""我想你",这些都是温暖的词句,适时地表达能增进两个人之间的感情。如果一辈子也等不到爱人一句"我爱你",应该也是一种人生的遗憾吧。有时候也不要太追求细节和完美,毕竟生活不容易,如果太追求完美,会让另一半感到很累。

5. 如何与另一半相处的练习

我的另一半和我各自是以何种行为风格为主?

我的另一半和我在生活中各自主要关注的是什么?

我的另一半和我各自所喜欢的生活方式是什么?

我的另一半和我的压力来源有哪些?

综上所述,我的另一半和我的不同主要在哪里?

我们将通过何种方法改善和增进彼此之间的关系？

第六节　DISC 亲子关系与子女培养

　　网上有这样一句话："有一种冷，叫做你妈觉得你冷。"这很贴切地反映了中国式教育的问题。很多时候，父母们总是根据自己的判断、感受、思维来决定孩子如何生活和学习。父母们在很多时候总是以自己认为好的方式来教育子女，其实很多时候他们忽视了子女本身的意愿和能力，忽略了对子女本身优势的引导和不足的改进。

每个孩子天生都有自带的气质,这种气质我们在本书一开始的时候就提到过了。作为家长,首先应该了解子女本身的优势和不足,并在子女的成长过程中帮助他们正确地认识和了解自身的优势和不足,进一步引导和帮助子女发挥他们个性和行为上的优势、改进个性和行为上的不足。对于孩子心理健康以及生存能力的培养,很多时候远比一味地把孩子培养成只会考试读书的妈宝巨婴重要。

在子女选择专业和就业的时候,身为父母,也应该了解孩子自身的优势和长处,并结合未来的职业发展,共同进行规划,这样才能让孩子在学习和工作中达到事半功倍的效果。

在中国式的教育里,太多的父母只充当了保姆(管衣食住行)和国王(发号施令)的角色,忽略了从孩子的角度看待问题及用孩子可以接受的方式对孩子进行引导。

1. DISC 四型子女如何引导与培养

D型的子女

D型人直率,有主见,目标感强,急性子。

建议培养孩子往销售或者律师方面发展(律师方面需要的C型特质也高),之后可以往高管、老板、律师事务所合伙人等管理类方面发展,详见"学习与职业生涯发展"。

D型人的子女目标感很强,会为了达到想要的目标而想尽一切办法。同时也容易脾气火爆,性子急,家长在孩子成长过程中,可以多培养孩子的耐心和比较柔和的沟通能力。

I型的子女

I型人热情、活泼,有创意,专注度不够。

建议培养孩子往设计师、公共关系等创意、社交类等方面职业发展,详见"学习与职业生涯发展"。

I型人的子女善于与人自来熟,也有天马行空的创造力,但同时对事情的专注度不够,不容易静下心来。在子女成长过程中,要注意对孩子专注度和情绪稳定性的培养。

S型的子女

S型人温和、安静,忠诚度高,不善于做决定和说不。

建议培养孩子往社工、行政、秘书等文职、社区方面职业发展,详见"学习与职业生涯发展"。

S型人的子女往往很乖,这在小时候固然是很好的,但是踏上社会,不善于争取自己想要的或者不懂得拒绝别人真的好吗?建议多培养孩子独立面对和处理问题的能力,以及说"不"的能力。

C型的子女

C型人专注、关注细节,不善于变通。

建议培养孩子往医生、工程师、研发等技术类职业发展,详见"学习与职业生涯发展"。

C型人是非常有钻研精神的,为人也非常正直。只是在与人沟通上会显得比较难一些,对别人的要求也会颇高。在子女成长过程中,要注意对孩子沟通能力的培养,鼓励他在生活中要从多角度考虑问题,有时候不要太固执,要学会多一些灵活变通。

2. 关于亲子与教育的练习

孩子的行为风格是什么?

孩子比较容易适应的沟通方式是什么？

就我的行为风格而言，我应该如何调适自己，从而更好地与孩子沟通？

孩子的优势与不足是什么？

我将通过何种方法帮助孩子改善他的不足之处（比如孩子C值很低，做事情不够严谨）？

我将通过何种方法预防孩子因优势而造成的不足（比如孩子I型很高，虽然活泼开朗，但课堂上总是容易走神）？

第七节　DISC行为调适计划

看到这里,你已经完成了这本书所有基础部分的学习了。在基础部分的最后,我将给大家提供一些行为调适改进的小建议和小工具,供大家参考和使用。当然,你也可以在我提供的建议和方法的基础上根据自己的情况做一些调整,如果有更适合你的方法,也完全可以使用自己的方法。我想我们最终的目标都是一样的,那就是都希望通过这本书的学习,可以使你在接下来的日子里慢慢地看到自己的改变,成就更好的自己。

关于目标的设定与分解

因为你的价值观和习惯已经养成多年,所以行为的调适一定是一个不可操之过急,需要循序渐进和坚持的过程。

举个例子吧。就如同矫正牙齿，需要根据你牙齿本身的情况（就是本来长得怎么样，有的人可能只需要矫正一两颗，有的人可能需要一个大工程），你自身的情况（比如你是不是配合医生，你自身对疼痛的承受力，你是不是愿意坚持等），医生的水平（就是在你身边，有没有好的导师和书本引导你，有没有靠谱给力的小伙伴给与你中肯的意见，帮助你或者支持你等）。

这三个方面，甚至更多的方面，都会影响你最后矫正的结果和矫正所需要的时间，配合的病人和好的医生能够在更短的时间内达到治疗效果。可是如果你不相信医生，不配合治疗，又或者碰到一个医术平平的医生，那就可能需要更多的时间。如果很不幸你碰到的医生使用了错误的治疗方法，那么很可能花再多的时间也达不到想要的治疗效果了。

当然，你也不可能把牙齿全都拔了重新种上去，矫正需要耐心和时间，急于求成、拔苗助长是不可行的。因此设定总目标和阶段性目标的合理性就很重要了。我建议你可以把一个大目标分解成多个小目标去逐步完成，这样既减小了压力，又可以通过一个个小目标的达成让自己更有信心。

如果你心中暂时没有其他的方法，那么我建议你可以使用 SMART 原则来帮助你合理设定目标。这 5 个字母的含义分别是：

S=Specific，明确的、具体的

M=Measurable，可度量的、可衡量的，在这里我把它解释为"量化的"

A=Attainable，可达成的、可实现的

R=Relevant，相关的

T=Time-Specific，时间节点明确的（一般使用 Time-bound 时限性更多，我觉得这里还是使用 T=Time-Specific 更合适一些）

关于目标分解，我个人建议每个大目标可以拆解成 1 周内完成的小目标，主要有以下几个原因：

一开始进行调适，本身就会有一些不适应，或者缺乏信心，时间节点拉得太长达不到目标，可能会对自己失去信心或者无法坚持。小目标比较容易在短期内达成，这样既缩短了时间，又可以让你比较有成就感。

当然，具体还是由你自己决定，毕竟每个人的情况不同。我要提醒大家

的是,如果别人请你帮助,切记不要笑话别人,在你自己设定计划时也不要看低自己。人与人本来就是不同的,你认为很简单的事情,对别人来说可能很难;而别人得心应手的事情,对你来说却可能难如登天。多给别人一点理解和支持,也多给自己一点信心和坚持。

关于执行力

有了合理的目标,就需要你坚持不懈地去执行和完成,不管是"千里之行始于足下"也好,或者是"不积跬步无以至千里"也罢,脚长在你身上,路得自己走。就连网上的励志文章也说了,你觉得累那是因为你正走在上坡的路上,当你到了山顶,就不会这么累了。

关于帮助

一个人执行计划可能会比较困难,可以找家人或者小伙伴帮助你一起完成。在这个过程中,他们可以督促你执行,聆听你的困难并给予建议,在你失去信心的时候给你鼓励,在你需要帮助的时候提供支持,等等。当然你们也可以组团,各自设定自己的目标,互相帮助与监督,并分享成功和失败的案例,找到更有效的达成方法。

最后,我再重申一下行为调适计划的两个关键点:目标设定的合理+坚持不懈的努力,同时也给D、I、S、C各型一个关键词:

D:温和耐心

I:学会坚持

S:大胆表达

C:尝试接受

如果你需要一些借鉴,可以通过下面一位小伙伴的执行计划,一起来看看她是怎么设定和完成的。

在这里我要提醒大家的是,这个案例中的目标可能对你来说很容易,可是我们说了,每个人是不一样的,对你来说容易的事情,对别人来说可能很难,就好比有人可以很容易地说出"我爱你"三个字,有些人却一辈子难以启齿。

案例背景

我有一个S型的朋友,总是不善于做决定,也不太敢把自己内心的想法表达出来。她在意别人的看法,总是因为怕别人会不开心而迁就别人,就连出去吃饭都是听大家的意见,几乎不发表自己的意见,更别说其他事了。也因为这样,她在工作中不敢发表意见、不懂拒绝,慢慢就变成了活多钱少的一号人物了。她自己也被各种工作要求弄得很有压力,但是苦于不知道怎么改变。

我给她的建议是,可以从吃饭选饭店、点菜这些比较容易,也不存在利益冲突的小事情开始,先给自己定一个小目标,体会一下发表意见和做决定的感觉。

1. 行为调适规划表范例

长远目标

制订一个长远的目标,再把这个长远目标分解成一个个的小目标。每个长远目标的时间限度建议不超过6个月,每个分解目标建议是1～2周,可以根据自身情况进行调整。

下面,我们以S型为代表举个例子。为什么选S型呢?因为相比于其他3型,S型人更需要关怀,更需要我们帮助他,告诉他可以怎么做。

我的长远目标是:

我是一个S型人,我希望未来不会再不好意思表达自己的想法,尤其是一些对自己来说重要的事情。我也希望可以学着做自己,遵从自己内心的想法,而不再一味地遵从别人的意愿和要求。当我感到很为难的时候,我不再害怕拒绝别人或向别人寻求帮助。

目标分解：

阶　段	阶　段　目　标
第一阶段	每周至少有一天中午和同事吃饭的时候由我决定吃哪家餐厅。
第二阶段	当别人提出让我为难的要求时，我尝试拒绝，虽然不一定成功。
第三阶段	我一定要完成至少一次成功拒绝我不太想做的事情，哪怕是约定午饭选餐厅，或者是别人让我帮忙买个早餐。
第四阶段	本周做一个总结，对前三周感觉完成起来最困难的任务再次做尝试，作为巩固。
第五阶段	进行一些沟通或谈判技巧类的书籍或课程的学习，提升沟通技巧。
第六阶段	本周至少一次在工作中与同事交流时主动提出自己的意见和想法。
第七阶段	重复上周任务，进行适应、熟练和巩固。
第八阶段	本周至少一次在会议或多人工作谈话中提出自己的意见和想法。
第九阶段	重复上周任务，进行适应、熟练和巩固。
第十阶段	本周尝试在工作中遇到困难的时候主动寻求帮助。
第十一阶段	本周在工作中遇到困难的时候寻求帮助，并至少获得一次成功。
第十二阶段	对整个规划做总结，对于还不擅长的部分之后再次练习，不断完善。

阶段目标	每周至少有一天中午和同事吃饭的时候由我决定去哪家餐厅。
达成时间	一周（以后每一周还必须坚持达成，直至这个技能得心应手）。
执行方法	（1）每天中午吃饭时我都说出自己想去的餐厅，争取获得同事的认可。 （2）推荐餐厅前做好功课，比如是不是有优惠，有哪些特色等，加强说服力。 （3）如果前几天都由别人做决定，后半周就尝试说"前几天都吃的是你们想吃的，今天可不可以迁就我一下，吃我想吃的？"
支持人员	同事 A（和我关系比较好，让她督促我坚持执行和帮助我达成，在我发表意见的时候，如果完成有难度，可以对我的意见表示支持，协助我完成）。

续 表

后备方案	（1）如果午餐没有完成任务，可以在下午茶选哪一家的时候由我决定。 （2）如果午餐没有完成任务，可以在点菜的环节上由我来完成或主导。 （3）如果这一周都没有完成任务，可以周末的时候在家提出想吃什么菜或提出外出吃饭的建议。
星期一	中午我提议吃生煎包，同事 B 说太油腻了她不想吃，周末吃了太多肉。
星期二	中午我提议吃茶餐厅套餐，对面新开的茶餐厅看着很干净，网上点评也不错，中午还有午市套餐很划算，同事 A 大为支持，于是大家吃了对面的茶餐厅。成功！
星期三	中午吃完饭我提议一起去买一杯奶茶喝喝，同事 C 说今天中午吃得太撑，改天吧。
星期四	今天下午茶我提议吃满记，满记的芒果和榴梿系列都不错，大家也都觉得不错。成功！
星期五	今天同事 A 直接说晚上要出去聚餐，中午吃色拉清淡一点，我就没有发表意见。
星期六	今天早上爸爸出门去买菜的时候，我提议中午是不是可以吃火锅。成功！
星期天	这个礼拜超额完成任务，今天放松放松吧。
改进笔记	周二居然已经出乎意外地完成了本周的任务，把任务分解了，其实好像并没有我想象的那么困难，大家也并没有我想象中那样会有看法，而是很欣然地接受了我的意见。于是我决定努力再做一些尝试，看看能不能达成两次目标。 周四和周六的提议也获得了认可，从小事情开始，其实说出自己的想法，并获得别人的认同，似乎没有我想象的那么难。

▎2. 行为调适规划表

注：这两张空白表格大家可以进行复印，在每一阶段的行为调适中使用，当然也可以分享给你身边的人一起使用。记录下每一阶段行为调适的目标与执行情况，可以督促和帮助你更有效地进行行为调适。

我的长远目标是：

目标分解

阶　段	阶　段　目　标
第一阶段	
第二阶段	
第三阶段	
第四阶段	
第五阶段	
第六阶段	
第七阶段	
第八阶段	
第九阶段	
第十阶段	
第十一阶段	
第十二阶段	

续　表

阶段目标	
达成时间	
执行方法	
支持人员	
后备方案	
星期一	
星期二	
星期三	
星期四	
星期五	
星期六	
星期天	
改进笔记	

第八节　本章知识点回顾与学习笔记

沟通和赞美是需要建立在真诚的基础上的，工具仅仅只是帮助你掌握和提升沟通和赞美的技能。

情绪和压力都有好有坏，可以是正面的，也可以是负面的，重要的是你如何去管理它，让自己保持正能量。

对于一个正要选择专业的学生或者应届毕业生来说，可以更注重内在的自己。因为在这个阶段，你是有很大的选择资本和空间的。

对于已经工作的人，你要看到自己的行为风格对于这份工作而言的优势和弱势，因为随着工作时间的增加，你可以调换工作类型的可能性越来越小，所以你需要根据你所从事职业的岗位需求去调适自己，使得自己能更好地适应岗位的需求。

为客户提供良好的服务，除了了解产品、有良好的服务意识之外，对客户的敏感度也是非常重要的。作为营销和客服人员，有必要提升自己对他人的敏感度，争取在最短的时间内了解客户的关注点，并调适出适合客户的营销、沟通与服务模式。

婚姻里没有性格不合这一说，只有三观不合、不愿意改变、不理解、不会调适和不喜欢。

每个孩子天生都有自带的气质，作为家长，首先应该了解子女身上的优势和不足，并在子女的成长过程中帮助他们正确地认识和了解自身的优势和不足，从而进一步引导和帮助子女发挥他们个性和行为上的优势、改进个性和行为上的不足。对于孩子心理健康以及生存能力的培养，很多时候远重于一味地把孩子培养成只会读书的妈宝巨婴。

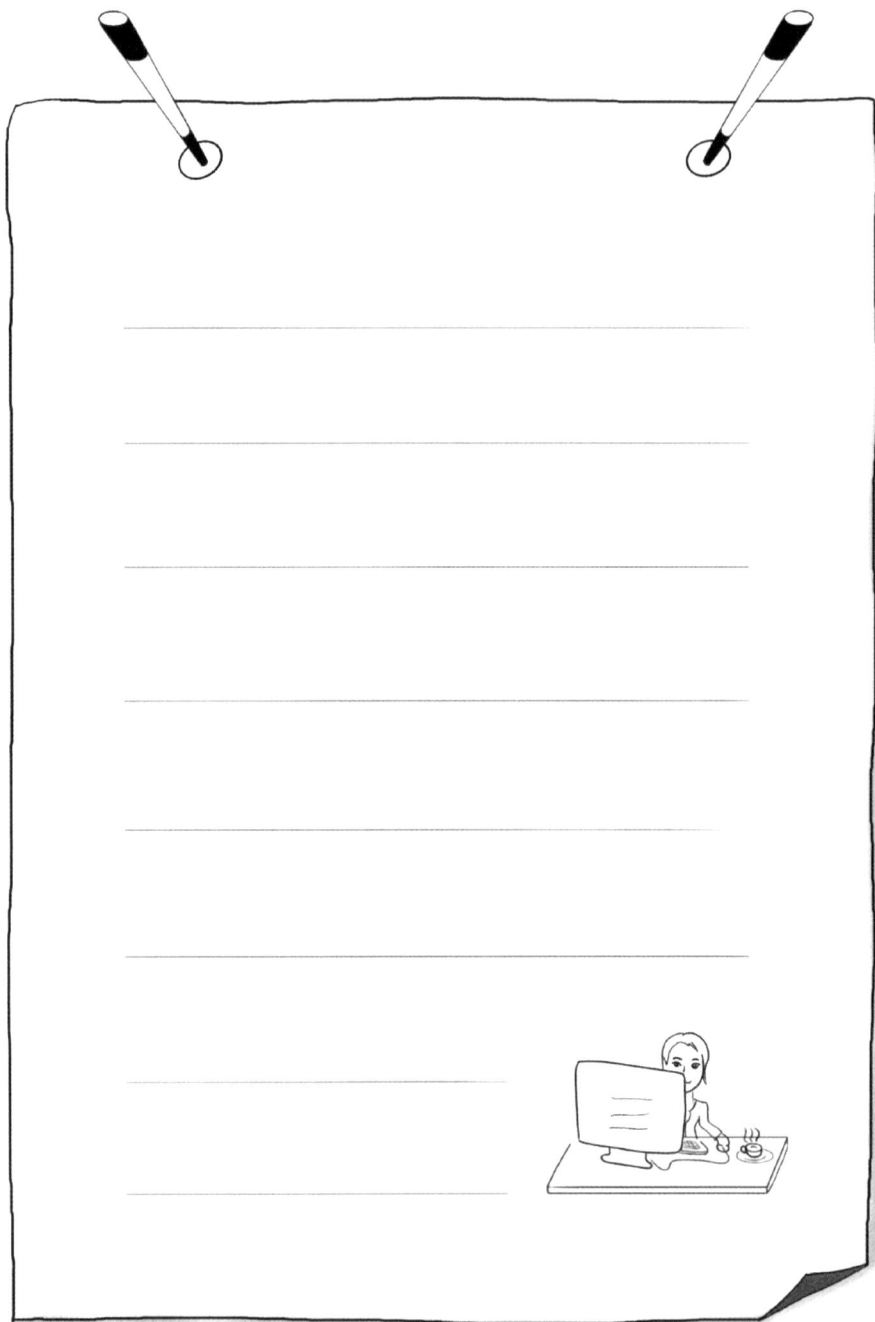

进阶篇 玩转DISC

第七章
DISC 十五种组合解析

第一节 专业报告中四因子的占比

我们在前文中一直提到,每个人的身体里都有四种特质,就如西游团队一般,是一个Team,形影不离。

为什么每一个人呈现出来的特质不同? 其实只是因为这四种因子(也称特质)在我们每个人身上的占比不同,有些人是某一种特质占主导,有些人是某两种或者某三种特质占主导,又或者是四种特质比较均衡。

只是在这里需要提醒大家的是,即使是同样一个特质占主导的几个人,彼此也是不一样的。因为他们每一个人四种特质的占比会不同(详见下表)。同时,他们身处不同的环境下,所以表现出来的行为也一定不是一样的(我们在一开始就说了,人的行为是会受到当下环境影响的)。

举个例子,有三个同样以D型特质为主的人,你会发现,为什么他们当中有些人的行为特征很明显,有些人则不那么明显呢? 看了下表你就知道了。

在这里我要提前说明的是,这四种特质在专业版测评报告中的总值并不是等于100,如果等于100,那也只是巧合。这其实也从一个方面解释了,为什么人会有矛盾的时候,因为有时候,你的身体里有两个或者三个势均力敌的声音在打架。

人物	D占比	I占比	S占比	C占比
大D	95	5	5	5
中D	85	12	5	8
小D	65	22	10	7

专业版的分析是一个很深入的问题,本书作为广大小伙伴入门而非做研究用的书籍,在此不会做太多的深入。

虽然如此,我还是希望把某一种或某几种特质主导时会呈现出的特征

（该数据由实践家教育集团提供）罗列给大家作为参考。因为四种特质在每个人身上的占比不同，所以并非每一种特质中的每一个点都适用于每一个人，数据只是总结了大部分的情况和可能性。

当然，从这一篇章开始，专业度会有一个很大跨度的提升。可能开始你会觉得有些难，比较费力，在学习和理解上也会需要花更多的时间进行反复阅读。

第二节　四种特质的十五种组合

（1）高支配（D/ISC）。

高 D 分析表常被描述为"指挥者"分析表。支配是表示控制和独断的因子。此分析表中并无其他高因子来平衡支配因子，这种纯"高 D"的人会相当霸道，如果没有道德修养的约束，有时甚至是蛮横的。该类型的人非常需要成就感，也正因如此，他们非常有雄心壮志，争强好胜，为达到目标一定会全力以赴。他们有活力，适应能力强，行事果断，善于直接领导。

坚决果断
雄心勃勃
喜欢竞争
干劲十足
勇敢无畏
独立自强
霸气强势

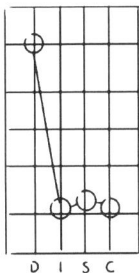

（2）高影响（I/DSC）。

影响是描述沟通的因子。分析表中这一因子很强，显示出高影响，由于没有其他因子的平衡，展示出一种可以与他人轻松交流的作风。因此这种分析表通常被称为"沟通者"分析表，描述的是自信、外向、合群的人，他们非常重视与人的接触以及发展积极的关系。

为人自信
性格开朗
善于表达
喜欢社交
热情洋溢
充满活力
积极乐观

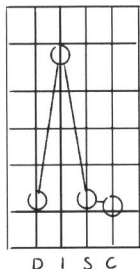

（3）高稳健（S/DIC）。

该分析表显示出很高的稳健度，而且没有其他因子平衡，这样的分析表是相当少见的。稳健是描述耐心、平静、温和、接纳的因子，纯粹的高S值会很明显地展现出这些特质。他们一般都友善而热心，能够接纳别人的看法，重视与其他人保持友善的关系。只是，他们本性并不外向，同时会比较依赖其他较为独断型人的领导。

待人和蔼
易于接受
仔细耐心
行事稳重
周全计划
始终如一
宽宏大量

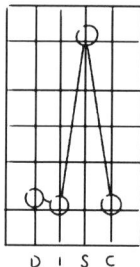

（4）高谨慎（C/DIS）。

天性沉稳，压抑而冷漠，因此高谨慎的人会给人一种冷冰冰或漠然的感觉。除非万不得已，否则他们不会透露与他们自身或其想法有关的信息。他们天生缺乏独断，一般不愿卷入对立或混乱不清的局面。相反，他们喜欢依靠规章和制度，生活中也处处重视系统性和条理性。

讲究条理
关注事实
遵守规则
公平公正
理性冷静
严谨精准
追求完美

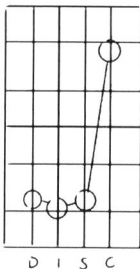

（5）高支配和影响（DI/SC）。

该分析表代表一个高独断型的人，他会视情况采取直接有利的行动，或者展示其社交的魅力。综合而言，这些因子所描述的人具有清晰的人生目标，也有达成目标的决心和毅力。该行为特质的人，喜欢保持支配的地位，体现个人权威或控制力，同时也具有社交意识，喜欢感受到别人对他们由衷的尊敬和爱戴。

积极主动
自信满满
行事独断
性格外向
独立自主
直截了当
说服力强

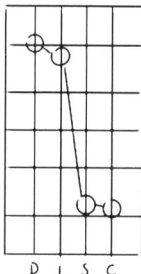

（6）高支配和稳健（DS/IC）。

这是一个同时具备高支配和稳健的分析表。

因为这两项因子代表着极端不同的价值和驱动力，所以它们很难在同一个人的行为中有效共存，因此该分析表极为罕见。综合而言，同时兼具支配和稳健特质的人，能展现自己顽强和坚持的作风，在面对困难和阻碍时，能明确地朝着自己的目标奋进。

坚定不移
适应性强
目标明确
奋勇向前
行事稳健
百折不挠
固执己见

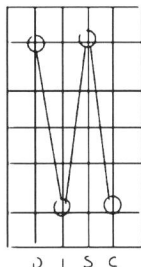

（7）高支配和谨慎（DC/IS）。

这种"U"形分析表并不少见，它代表一个非常严谨、注重结构规范的人，并且具有强势而直率的作风。该行为特质的人只在乎把事情做好，且敢于坚定而直接地说出心中的想法。在所有DISC的分析表中，这类人可能最不喜欢人际交往或感情用事，也通常显得孤傲甚至孤立。他们总是将自己的想法深藏心中。

自力更生
理性客观
要求苛刻
自我激励
态度务实
严格细致
追求结果

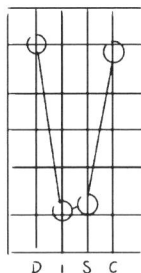

（8）高影响和稳健（IS/DC）。

该分析表常被称为"辅导者"。影响和稳健均是关注人的因子，重视感觉和感情，而非确凿的事实和充分的务实性。这两种因子组合在一起，描述的是一个喜欢人际交往同时也体谅他人的人。该行为特质的人不仅自信、温和、友善，也能倾听别人的意见，并愿意尽力帮助别人。

待人友善
易于接受
支持他人
易信他人
亲和力强
注重人际
喜欢倾诉

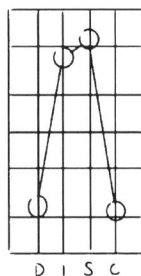

（9）高影响和谨慎（IC/DS）。

这是一种比较常见的分析表，虽然包含了两项有些矛盾的特质：影响和谨慎。影响是表示兴奋、喜悦和外向冲动等的因子；谨慎则是表示严谨、细节和遵守规则等的因子。在生活中，这些不同的态

随和变通
善于社交
待人友善
通情达理
顺应遵从
婉转精明
团队导向

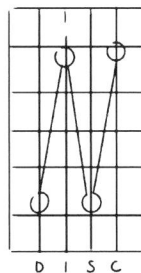

度往往取决于当时的环境的影响。该分析表描述了一个态度开明、待人友善的人，当形势有所要求时，也能展现出理性分析的一面。

（10）高稳健和谨慎（SC/DI）。

这种分析表通常被称为"技术型"，这个术语在此处表示广义上的"技术"。该行为特质的人更适合诸如会计师、工程师、学术研究等工作，因为他们会要求严谨性且注重数据和事实，也具有耐心和钻研精神，只有彻底解决问题才肯罢手。他们对于有深度、高质量的工作比较有兴趣，往往会尽一切努力去获得最完美的成果。

善于分析
做事耐心
个性内敛
冷静谨慎
坚持不懈
客观精准
勤勉认真

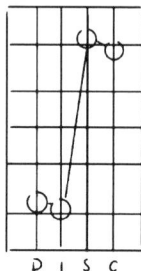

（11）高支配、影响和稳健（DIS/C）。

该分析表缺乏谨慎的因子，说明独立是该行为特质的主要因素。这类人非常清楚自己要什么，同时稳健因子让他们拥有顽强的毅力，坚持不懈地去实现自己的目标。该行为特质的人也具有善于社交和性格开朗的一面，但当情况需要时，他们也会展现出相当程度的果敢和独断。

不拘礼节
感情用事
坦诚直率
侃侃而谈
和善友好
顽强坚持
态度积极

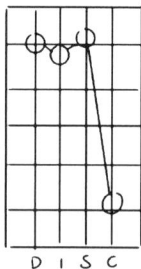

（12）高支配、影响和谨慎（DIC/S）。

反应快和急迫是该行为特质的主要特性，低稳健说明了他们天性热忱，缺乏耐心。这类人相对自制，雄心勃勃，也具有不错的社交能力，在轻松舒适的环境下表现得尤为突出。虽然独断是他们行为特质中的重要因素，但他们也能体谅他人的需要，并能遵守规则。

灵活应变
精力充沛
喜欢探索
乐于提问
独具创新
适应性强
高深莫测

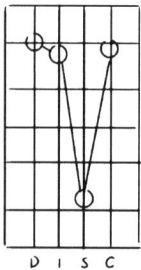

（13）高支配、稳健和谨慎（DSC/I）。

像所有包含高支配和稳健的分析表一样，该分析表图形也不太常见。该行为特质的主要特征在于低影响，表示了该类人的行为特质比较趋近于务实及理性，而非感情用事，他们也不太愿意泄露有关他们自己的信息、想法和感受。

善于分析
要求精准
值得信赖
关注事实
坚决果敢
坚忍不拔
要求严格

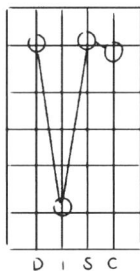

（14）高影响、稳健和谨慎（ISC/D）。

该行为特质的人极少会表现出明显的独断或者直接的行为。相反，他们会采用沟通的方式，试图通过说服和理性讨论的方式来达成目标。该分析表反映了该类人通常没有很大的雄心壮志，也很少会为自己设定清晰的人生目标，宁愿与他人建立牢固关系以及追求个人的兴趣或者爱好。他们在团队或群体中表现特别友善，且愿意合作，也愿意接受他人的意见。

喜欢合作
给予支持
彬彬有礼
温和稳健
乐于沟通
谦逊讲理
愿意退让

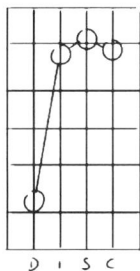

（15）均衡型。

四项因子均显示在35～65之间的分析表称为"均衡型"分析表。对于该分析表的阐释取决于这个图形在系列分析表中出现的位置。如果内在分析表是均衡的，则大多反映此人的问题与其日常生活相关；如果外在分析表是均衡的，则大多反映此人的问题是与其工作相关，是短期内的问题。

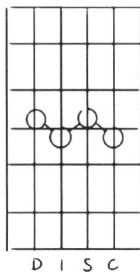

第三节　学习笔记

第八章
DISC 专业测评报告解读入门

第一节　关于DISC专业版报告解读

DISC报告解读是DISC测评的核心所在，也是DISC工具的精华部分。这部分内容可谓DISC工具中最难的一部分，通常从入门到深入，需要经过好几年的时间，并积累成百上千份报告的分析和解读经验，才可以达到一定的水准。

本章主要适用于DISC授证分析师或想要深度研究DISC的人士学习，将对如何解读DISC专业版报告进行入门讲解。

对想要深度研究DISC的人士，这一章可以作为课外阅读的一种提升，因为这部分内容作为自学可能会稍有难度。

虽然有以上种种的条件限制，但是我仍然争取了DISC行为科学中心的授权，在本书中展示专业版的报告解读样本。

这样，即使大家靠着自学无法完全理解本章的内容，也至少会对DISC专业版测评有一个大致的概念，即使你不懂得如何分析和解读专业版测评报告，也能了解专业版测评基本包括哪些部分的内容。另外有一点要在此说明的是，DISC专业版报告其实有多个不同版本，此书中选择的是Discus®的版本。

第二节　专业报告解读指引

报告解读的一个中心和两个基本点

一个中心：调适自我，理解他人

两个基本点：别为自己找借口＋别为他人贴标签

为什么要做报告解读

通过乔哈利窗（见下图）我们知道，每个人对自我和他人的认知可分为
4 个区域：公开区，盲区，未知区和隐藏区。通过 DISC 测评，我们可以更好地
认识自我及他人。不断地修炼和提升自己，即自我调适以及理解他人。

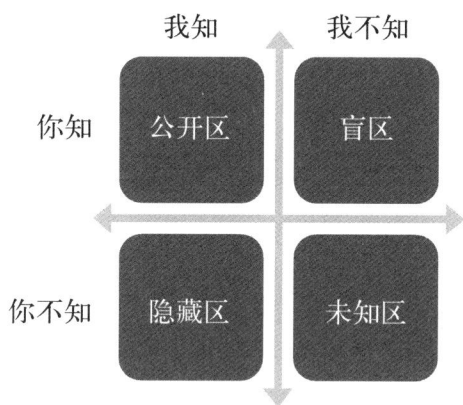

	我知	我不知
你知	公开区	盲区
你不知	隐藏区	未知区

第三节 个人版测评报告（典型版）样本

discus®
Discus 分析报告

李 林 先生

由 DISC行为科学中心 测试 授权单位 实践家教育集团

已分析的应试者	2018年3月31日周六
已打印的报告	2018年4月3日周二
问卷	短句式
报告类型	典型
报告文体	非正式的
文字内容	所有可用的区段
类别	一般
性别	男性

内在　　　外在　　　总结　　　转换

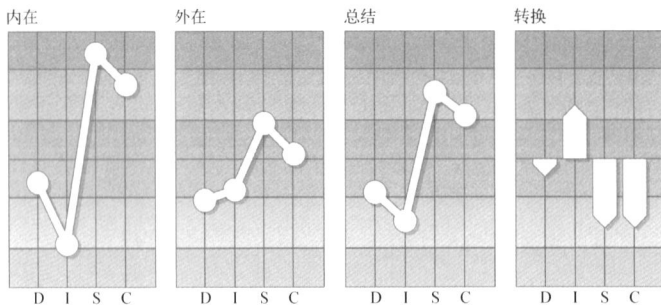

D I S C

个人与隐私
任何单纯的行为测
试工具应该搭配其
他例如面试等方
法，才能进行新进
人员的招募或职务
调整的决定。

discus®　1

李林先生的**Discus**性格分析报告

报告目录

DISC 系列分析表

显示林的报告之关键因素的一系列图形,包括了转换模式和作风卡分析。

特性总结

描述林的个性风格表现出来的主要特性,包括了显示当前压力水平的分析表压力评估。

文字报告

林的个人风格的详细文字描述。这份典型版的文字报告包含 10 部分,包括了这类报告的所有可用信息。

Discus 授权书 / 0033-08-11-00012352, 授权给 实践家教育集团
(c) Copyright 1995-2018 Axiom Internet Group Ltd.
(R) Discus is a registered trademark of Axiom Internet Group Ltd. (4.0.822)

discus 2

李林先生的**Discus**性格分析报告

DISC系列分析表

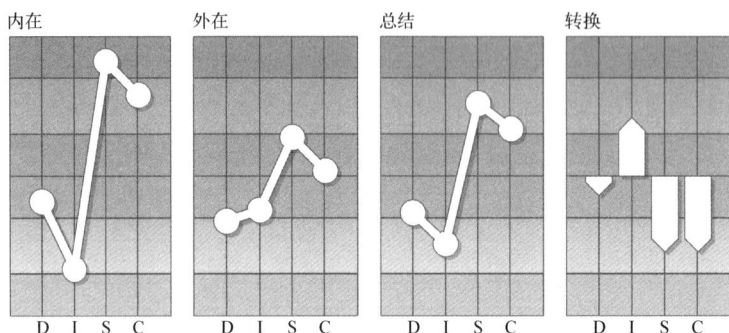

内在	外在	总结	转换

D I S C　　D I S C　　D I S C　　D I S C

内在分析表

内在分析表的最高点,代表着你最自然真实的内在动机和欲求。这种行为之所以常在你处于压力时显现,是因为你没有"空间"或时间调整行为。

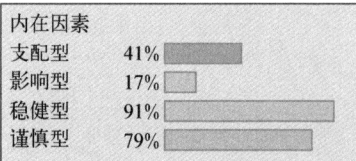

内在因素	
支配型	41%
影响型	17%
稳健型	91%
谨慎型	79%

外在分析表

外在分析表描述应试者认为自己应呈现的理想行为。这种图形通常代表个人试图在工作中采用的行为类型。

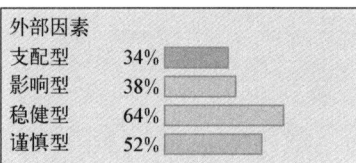

外部因素	
支配型	34%
影响型	38%
稳健型	64%
谨慎型	52%

总结分析表

真实世界里,应试者通常会表现出与内在分析表(直觉行为)及外在分析表(视现状调整的行为)这两种分析表一致的行为。总结分析表是这两种描述个人正常行为图形的综合。

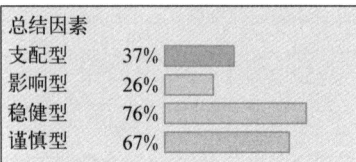

总结因素	
支配型	37%
影响型	26%
稳健型	76%
谨慎型	67%

转换模式

转换模式图形显示应试者的内在和外在分析表之间的改变,并凸显应试者正在进行的性格调整。

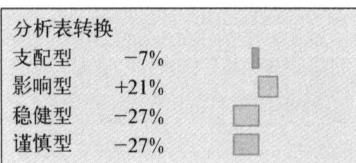

分析表转换	
支配型	−7%
影响型	+21%
稳健型	−27%
谨慎型	−27%

Discus 授权号 / 0033-08-11-00012352, 授权给 实践家教育集团
(c) Copyright 1995-2018 Axiom Internet Group Ltd.
(R) Discus is a registered trademark of Axiom Internet Group Ltd. (4.0.822)

discus 3

李林先生的**Discus**性格分析报告

作风卡

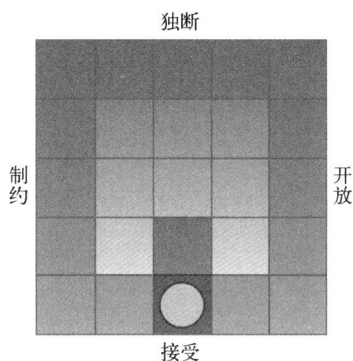

独断

制约   开放

接受

接受：接受

介于"规划者"和"分析者"之间的综合体，被称作"被动"。这种人腼腆而不爱出风头，而且不愿意独自一人行动。他们可能会很和蔼可亲，也可能保守而冷淡，主要是看当时特殊的环境而定。

概述	谨慎的,有耐心的,精准的,稳健的
重视	程序,支持
追寻	事实,时间
回避	不确定性,改变
压力反应	逃避/妥协
态度	精确的
	有耐心的
策略	证据/承诺

discus   **4**

李林先生的 **Discus** 性格分析报告

特性总结

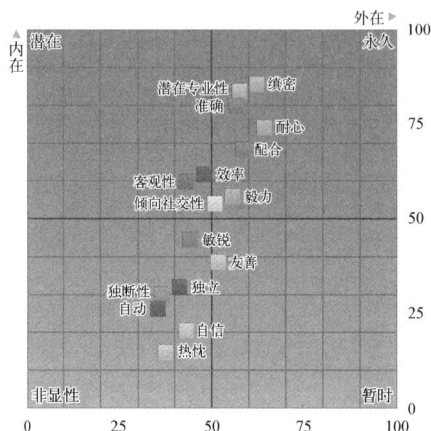

永久特性

在林的分析表中有几项常见的特性，这表示了这些特性经常显现在他的行为中，也可能影响他的态度。林的分析表指出下列永久特性：

- 缜密
- 潜在专业性
- 耐心
- 准确
- 配合
- 毅力
- 倾向社交性

潜在特性

这些特性是林的个性中原有的部分，但是他似乎不认为这些特性适合于他的目前工作环境。这些特性会偶尔显现，例如，在遭遇压力的状况下。林的分析表指出下列潜在特性：

- 效率
- 客观性

暂时特性

林似乎认为这些特性适合他的目前工作环境，因此会在他的行为中加以强调。暂时特性就如同字面上的意思一般，通常表示短期的行为调适。林的分析表指出下列暂时特性：

- 友善

非显性特性

这些特性通常不会出现在林的任一方面行为中。虽然这些类型的行为不是完全不会出现在林的个性中，不过当他遵循这些行为模式时，则有些不寻常。林的分析表指出下列非显性特性：

- 敏锐
- 独立
- 独断性
- 自信
- 自动
- 热忱

díscus **5**

李林先生的 **Discus** 性格分析报告

分析表压力

分析表压力

"分析表压力"显示林认为需要将他的个性融入他的目前工作环境到达何种程度。

此压力可能会在某些状况中导致造成压力的负面影响,特别是在林的个性不适合进行这类调整时更是如此。

下图显示林的目前分析表压力,并估计他的调适力,以便进行比较;必要时也显示调适的最主要可能原因。

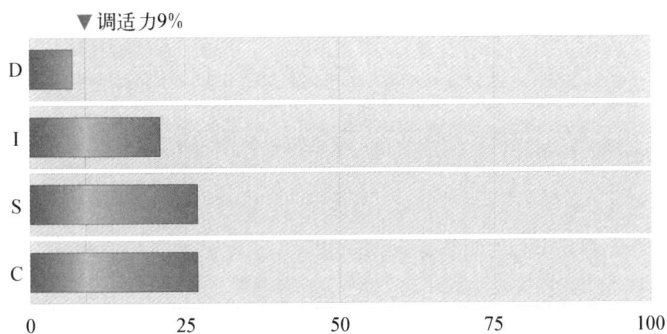

▼调适力9%

	0	25	50	75	100
D					
I					
S					
C					

主要压力因素	谨慎型
变化值	向下转换　27%
可能来源	在没有充分支持的情况下工作。
可能影响	强烈的

discus 6

李林先生的 **Discus** 性格分析报告

文字报告

关于此报告

这是一份包含全部内容的典型版 Discus 报告。此报告总共有10个部分。

关于报告的使用

报告中的每个部分都是基于 DISC 系列报表四个报表中的某一个报表的,所用到的特定报表就显示在该部分文字报告的旁边。

discus 7

李林先生的 **Discus** 性格分析报告

文字报告

概述

保守、有耐心而且顺从。广义地来说，有着一种"专业性"的行事风格。他在具有充足信息的情况下工作会很有效率，并且相当有耐心和细心来完成高品质且细腻的工作。他不善于沟通，看起来冷淡，尤其是当他对他的地位不确定的时候更是如此；事实上，他很喜欢有人做伴，长时间下来还能够和人建立起很亲密的关系。

这类型的人很少或者几乎没有自己的主见。他很少会带头行动，常常等到其他人开始行动，他才会适当地做出回应。他需要在完全了解他的立场之后，才能充满自信地行动，如果事先没有提供他完整而明确的指示，他的工作便可能进行得不顺遂。

总结分析表，综合起来说明林的个性。

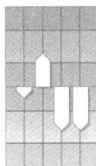

行为调适

个性中沉默寡言的部分在工作中被隐藏了起来，他表现出的是一种较为有信心、善于社交的风格。他花在他的工作细节上的时间较少，较多的时间用来与人交往——这些人可能是他的同事，也可能代表了客户或是一些不是他的组织里的人。不管是哪一种情况，他都在尽力表现出比平常更为自信的态度。

转换模式，显示林是如何来适应其当前环境的。

优点

有能力处理冗长复杂的工作，进而产生惊人的成果，并能专注于细枝末节以及运用他的分析能力使其发挥最大优势。只要他完全了解别人对他的要求，他是足以让人信赖的，并且会尽全力呈现高品质的成果。

总结分析表，综合起来说明林的个性。

缺点

保守且凡事不设置立场的他倾向于采取一种被动反应的作法。他极少主动出击，比较喜欢等别人采取行动后再作反应。尽管他有能力表现到令人满意，甚至达到相当卓越的工作标准，但就一个领导角色而言，他是绝对不合适的，因为他没有办法不去征询别人的意见来做出他的决定。

总结分析表，综合起来说明林的个性。

沟通作风

倾向于以较被动的方式与人沟通，不喜欢直接说出他的想法，总是要等到有人发问才肯说。一般来说，他的真正的作风是在行动之前会谨慎思考，在与人交往时也是如此，在未考虑好后果之前，他很少会发表言论。因此，他比较喜欢有时间去思考他的意见，而在需要立即反应时，他会变得很想逃避。

总结分析表，综合起来说明林的个性。

（沟通作风，请转到次页）

Discus 授权卡 / 0033-08-11-00012352, 授权给 实践家教育集团
(c) Copyright 1995-2018 Axiom Internet Group Ltd.
AXIOM (R) Discus is a registered trademark of Axiom Internet Group Ltd. (4.0.822)

discus 8

李林先生的 **Discus** 性格分析报告

文字报告

他的被动的天性代表他不容易跟周围的人建立较亲密的关系。这并不是因为他缺乏与人交往的兴趣（事实上他对此很重视），而是因为他对营造这种关系缺乏信心。当别人主动与他沟通时，他通常会有正面的反应。

作决策

认为作决定应该要谨慎地考虑所有可能产生的影响。他非常注重他的决定对别人造成的影响，同时他不是只有这一项考虑而已。由于他喜欢在做结论之前，研究每一种可能性，因此，在他做下明确的判断之前，需要相当长的时间来思考以及取得同事间的支持。

组织和规划

耐心、安静的作风通常会让人高估了他的组织及规划的能力。虽然他比起其他直觉型的人，行动上的考虑确实较周密，但他不是天生的组织者，喜欢扮演配角而不想做一个做出分析判断的人。

激励

冷静而不带感情，非常重视精确性。如果提供的信息不够完整，他就无法做出良好的回应。此外，如果没有被明确地告知对他的期望，也可能会产生负面的反应。他喜欢在采取行动前先了解自己的处境，因此如果是被迫以超过自己可以承受的快速步调来进行，他就会有丧失积极性的状态出现。

管理作风

由于缺乏主见，经常会觉得管理的位子不好坐。在这种情形下，他倾向于采取开放可亲的作风，表现出来的会比较像团队里的成员，而不是一个权威角色。他的对于正面冲突的厌恶，使得他偶而会无法及时处理问题。

沟通作风
接上页

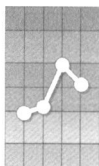

外在分析表，说明林在工作上或相对正式场合的反应。

外在分析表，说明林在工作上或相对正式场合的反应。

内在分析表，反映出林自然和本能的反应。

外在分析表，说明林在工作上或相对正式场合的反应。

Discus 授权书 / 0033-08-11-00012352, 授权给 实践家教育集团
(c) Copyright 1995-2018 Axiom Internet Group Ltd.
(R) Discus is a registered trademark of Axiom Internet Group Ltd. (4.0.822)

李林先生的 Discus 性格分析报告

文字报告

所需之管理作风

当工作态度中的消极且无所求的特性结合，不情愿表达他的想法和感觉时，将会为他的主管制造出一个很特殊的问题。如果他想要跨越障碍和解决问题，需要管理阶层的支持，但是他通常不情愿提出他的需要让主管知道。因此，对他而言，把问题搞到不可收拾的地步并不是什么稀奇的事，所以建议主管单位要对其密切地观察（并非监督）。这个问题在较开放的环境以及较平易近人的管理风格中并不那么明显。

内在分析表，反映出林自然和本能的反应。

discus®　10

第四节　专业报告四表简析

内在分析表

这部分内容可以帮助你更好地了解自己在最自然轻松、没有外部环境压力的情况下最容易展现出来的行为特质。然而,有时候人处于极度的压力下也会出现这种作风,因为这类压力限制了他们自我调整的能力。

外在分析表

这部分内容可以帮助你了解自己在角色情景中行为调整的情况。当一个人的处境和环境改变时,情境中的行为也会随之改变,若碰到生活中的重大事件,可能会有很大的改变,如换新工作、结婚生子等。

总结分析表

这部分内容可以帮助你了解自己在他人眼中表现出来的行为特质。

转换分析表

各个因子转换的值,向上表示该因子特性提升,向下表示该因子特性减少。

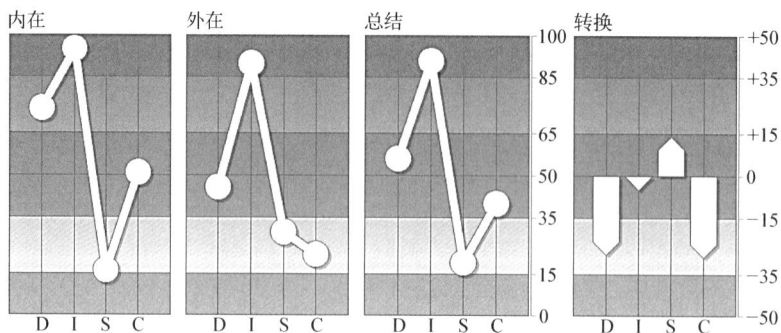

第五节　DISC四表的具体作用

所对应的测评表	描述内容或应用
总结表	行为风格概述
	基本精神
	沟通作风
	优势弱势
外在表	作决策
	组织与规划
	管理作风
	管理准则
	销售准则
	技术准则
	团队协作/管理
内在表	激励
	专业选择
	压力
	关系
	探索性问题
	关系
转换表	行为调适

第六节 专业报告中的数值

数值

5～15

表示这种特质在被测评者身上不明显,想调适出该特质比较困难。

80～95

表示这种特质在被测评者身上非常明显。

＜5或＞95

不存在。前文中我们说道过,每个特质在每个人身上都是存在的,不可能没有某个特质,也不可能完全是某个特质,所以系统默认每个特质最少不少于5,最多不超过95。

35～65

压缩区

该表4个因子的值均在35～65之间,可以是一张表,也可以是多张表存在压缩区。

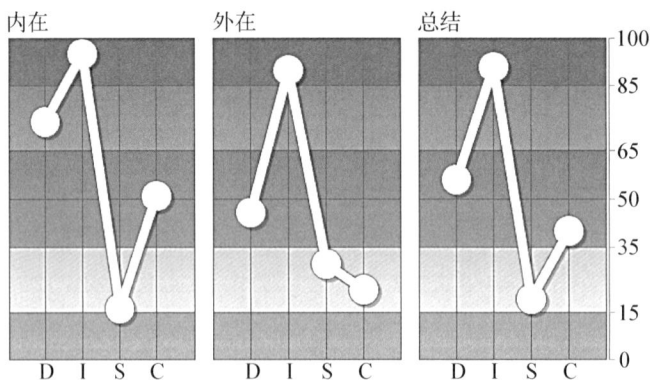

转换值

转换方向分为向上和向下。

向上表示上升,用正数表示。

向下表示下降,用负数表示。

转换模式的两个临界值

25以内

一般情况下不会产生太大的压力,通常可以靠自身的调适调整过来。

超过25

此时已经产生了一些压力,需要他人给予一定的关心和帮助。

超过45

此时产生的压力比较大,可能自身已经无法调整,需要寻求一些专业的帮助。

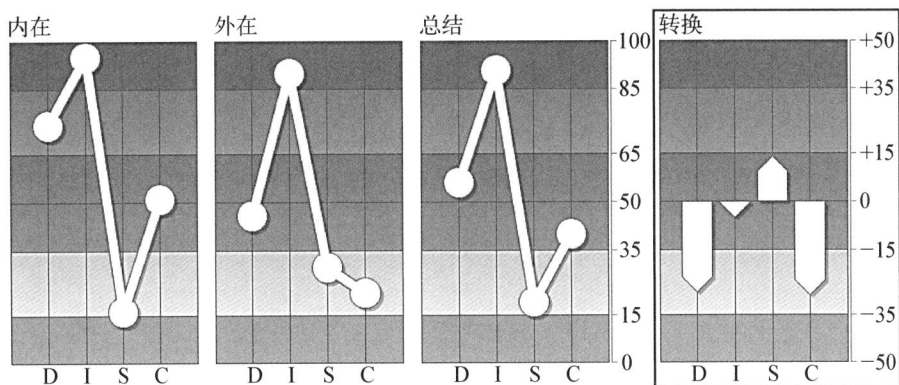

第七节　压力程度和调适力

受压能力值的计算

受压能力的值我们称之为调适力,在转换值低于调适力的情况下,所受到的压迫感比较不明显,在转换值超过调适力的情况下,会开始感受到压迫,而超过越多,感受到的压迫就越为明显。

调适力=100-内在表中S因子的值

所以,每个人的调适力是不同的,而同样的转换值给不同的人带来的压力也不同,举个例子:

A的内在S值为20,A的D值调整的绝对值为20,那么A的调适力 = 100 − 20 = 80,所以这个转换对A来说几乎可以忽略不计。

B的内在S值为90,B的D值调整的绝对值为20,那么B的调适力 = 100 − 90 = 10,所以这个转换对B来说是会产生较大压力的。

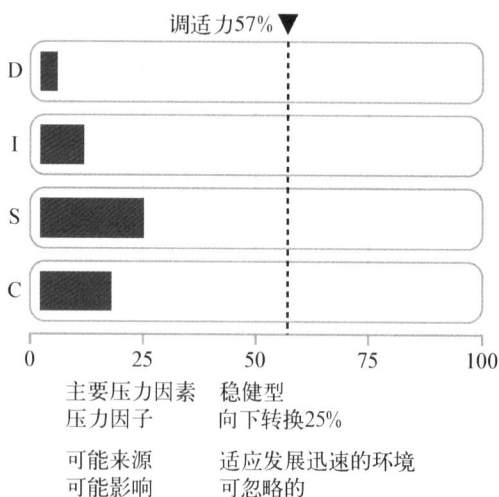

主要压力因素	稳健型
压力因子	向下转换25%
可能来源	适应发展迅速的环境
可能影响	可忽略的

第八节　各因子转换代表的意义及可能存在的潜在原因

D 向上转换

D 向上转换意味着测试者试图呈现出一种比他在正常情况下更为直接而独断的行事态度。这表示他意识到目前所处的环境需要扮演比原本更为独立而自动的作风。这种 D 的转换通常不容易维持,而且长此以往反而会造成对自己的压迫。

D 向下转换

这种效果意味着测试者试图呈现出一种比他在正常情况下少一些直接和独断的行事态度。这表示他意识到目前所处的环境需要较为柔顺而谨慎的行为,这通常是因为需要和比他 D 值更高的人合作的缘故。这种 D 转换一般不会维持很久,而其较为独立的行为也会不自觉地流露出来。

I 向上转换

这种转换显示测试者意识到他目前所处的环境需要沟通上的技巧,所以会显示出比他在正常情况下更为明显的自信和更友善的态度。这种转换的效果会依环境而有所不同,如果这个人因为此作风而感受到正面的响应,就很可能会长期继续下去,而且很可能会实际接受这种作风而成为真正的内在因素。

I 向下转换

I 向下转换意味着测试者意识到他目前所处的环境需要形式和纪律,所以会显示出比他在正常情况下更为有条理和有组织的态度。极端外向的人如果试图以这种方式来伪装他们的态度,通常很难长期维持。

S向上转换

这种转换意味着测试者意识到他目前所处的环境需要稳健而坚持的作风（或至少他认为如此）。S向上转换也可能意味着觉得需要采取更为亲切而接纳的态度，这要视情况而定。

S向下转换

这是相当普遍的转换，常见于其"内在分析表"属于较高"稳健"的人，它反映了测试者意识到他目前所处的环境对迅速响应以及在既定时间内完成某件事情的需要。这类S转换通常是可以持久的，而且有可能成为一种永久性的特征。

C向上转换

这种转换出现在分析表系列的时候，表示测试者意识到他目前所处的环境需要展示出比他在正常情况下对事实和细节更高的专注度。维持这种转换的时候，谨慎度将会增加，时常伴随而来的则是独断性或表面自信心的降低。

C向下转换

谨慎度的降低意味他在目前的环境中需要展示出比他在正常情况下更为独立或自信的要素。维持这种转换的时候，谨慎度和合作性将会降低，因为这个人会试图展示出他不需要支持的工作能力。

	D	I	S	C
向上调整可能存在的潜在原因	面临更大的压力和挑战；对目标和结果的要求更高了；对结果满意或满意度有所上升；变得更加积极主动。	加强和人际的沟通；更关注于人；增加了投入度；需要注意的是，人际沟通可能会分神。	融入了比较刻板的环境；需要更多的规划、计划；变得更加内向，更加不愿与人沟通，交往提升了稳健度。	越来越内向；越来越不自信；越来越谨慎；想建立制度和流程；融入了更加有组织、有调理有制度的环境。

	D	I	S	C
向下调整可能存在的潜在原因	被 D 型特征更明显的人压迫；面临较少的竞争；对结果的不满意或满意度下降；不再那么主动和积极。	变得更加不愿意沟通，更加沉默；对事情的关注度、投入度降低或减少。	在短时间内要完成既定的任务所造成的压力；面对快速变化的环境变得更没有耐心或者更加主动；变得更没有规划、没有计划。	制度、流程不完善对事情精准度、精细化的要求有所降低；关键性人物的支持不够，在没有支持的情况下开展任务。

第九节　岗位胜任力模型

岗位胜任力模型是根据岗位行为需求建立的岗位行为需求模型，可用于和被测试候选人的测评报告做匹配，获得被测试者与岗位模型之间的匹配度。

在此有一点要强调的是，我在上林正全老师的课程的时候，林老师特别强调的一点就是，一个员工是否胜任工作包含了几个方面：意愿＋个性/行为＋能力。所以很多 HR 认为用测评工具就能测评出员工是否胜任，判定是否录用或升迁是欠妥当的，不管是个性行为方向，还是能力方向。

而 DISC 测评工具仅仅是对一个人行为部分的测评，看看这个人本身的行为习惯或调适后的行为习惯是否和岗位胜任力模型的行为需求匹配。当然，市面上也有针对岗位能力的测评工具。而这两种类型的测评工具都不能涵盖到候选人的意愿部分，当然也不能涵盖工作经历、职业道德等其他多个方面。

举个例子：

以招募新人为例，从下面 Discus® 系统的截图中我们可以看到，组织根据组织的岗位需求就"企业家"这个岗位在行为作风方面建立了岗位胜任力模型。该岗位模型针对组织对"企业家"这个职位给出了相应的行为作风文字描述和图形描述。

当该岗位有多位候选人，且候选人在意愿及能力方面符合岗位要求时，我们可以将候选人的行为风格作为另一个招聘考量因素（详见后页）。

注：系统中的岗位模型是咨询测评师根据组织对该岗位的要求建立的，所以不同的企业，不同的岗位建立出来的模型也是不同的。

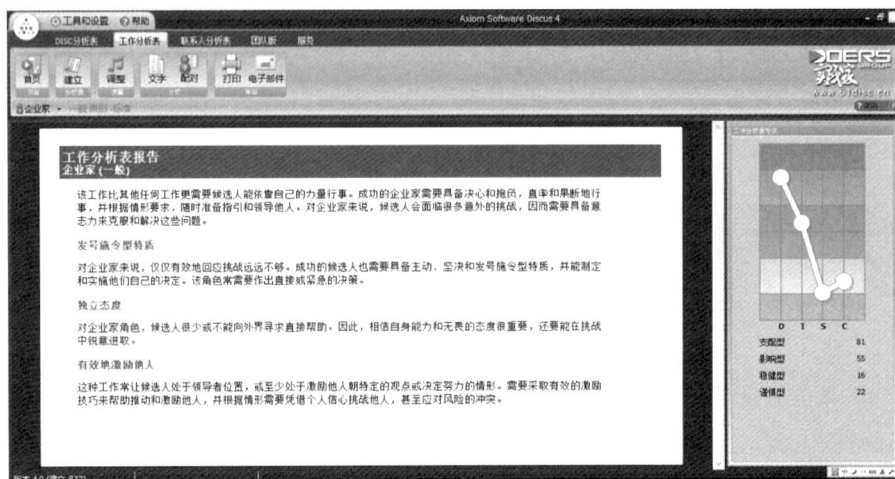

在下图中我们可以看到，4位候选人中，Derek 的行为风格与该岗位行为作风的匹配度最高，达到了67%，而 Simon 最低，仅为29%。

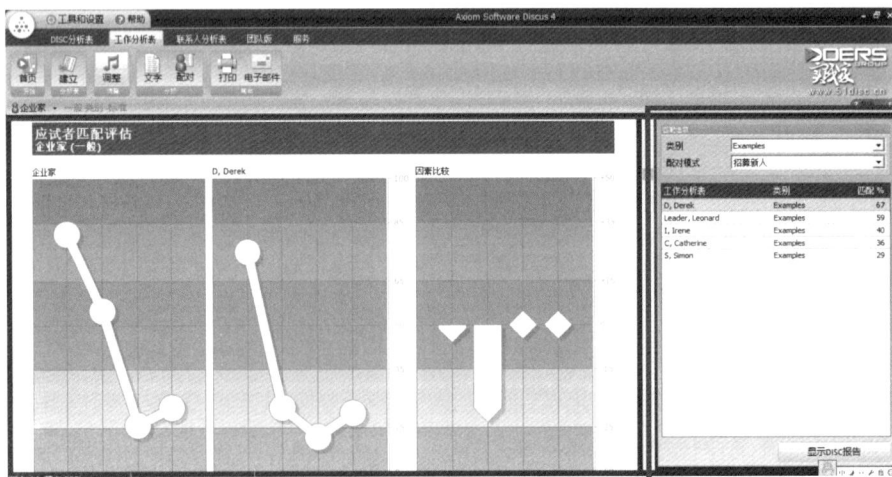

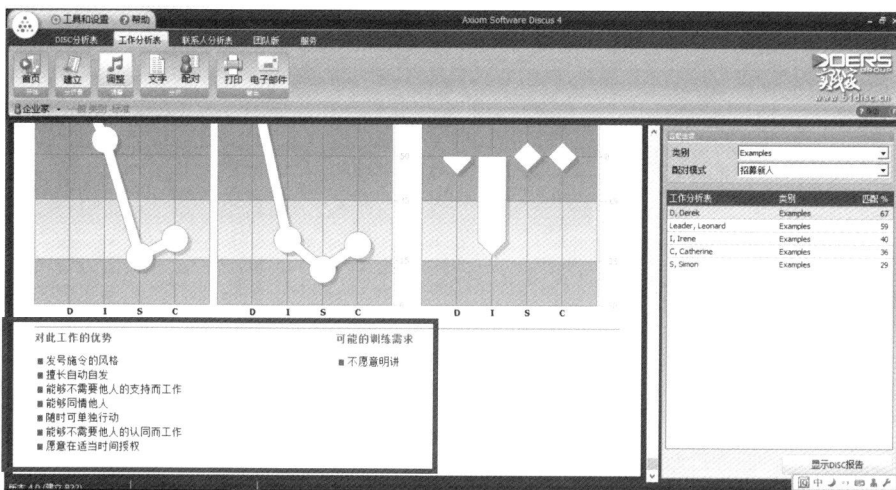

我们可以看到，与Derek相比，Simon"对此工作的优势"更少，而"可能的训练需求"则更多。

因此，在两位候选人的意愿与能力相仿时，Derek则会更轻松、更游刃有余地胜任该岗位。

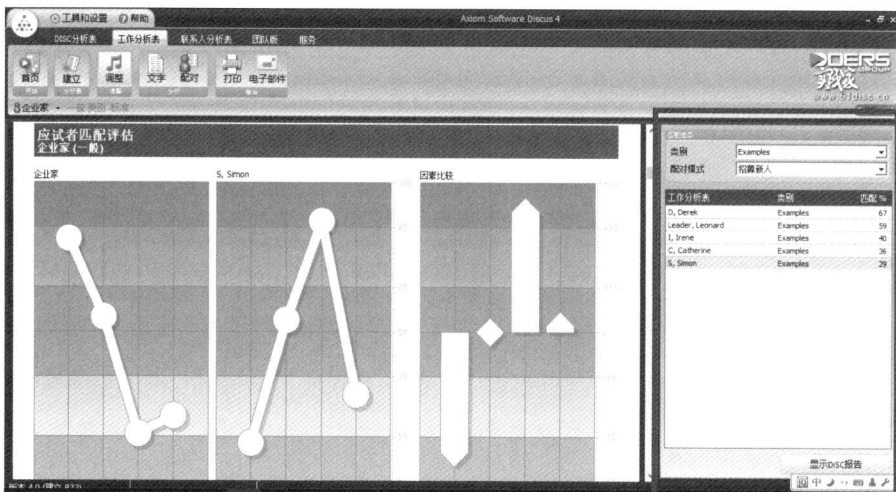

第十节 团队版测评报告样市

DISC团队报告是针对整个团队成员,包括团队领导及团队成员进行分析的报告。

团队报告中可以体现出团队分析表、团队关键因子、团队结构、团队基本精神、领导作风、团队角色分解等信息。

这些信息可以帮助团队领导和成员更深入地了解团队整体情况以及团队每一个成员,根据工作目标,对团队作出相应的改善或调整,有效地帮助团队。

因为岗位胜任力模型及团队报告多用于企业咨询案中,而本书主要以个人学习为主,所以有关岗位胜任力模型与团队报告的部分,本书就不多做讲解,仅展示团队报告样本供各位参考学习。

已创建的团队	2018年4月3日周二
已打印的报告	2018年4月3日周二
来源	手动创建
类别	一般

团队作风	均衡　（开放）
颜色代码	●
领导	周家
成员	8
独特的关系	28
独特观点	56

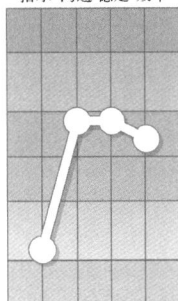

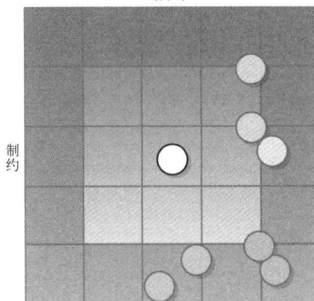

个人与隐私

任何单纯的行为测试工具应该搭配其他例如面试等方法，才能进行新进人员的招募或职务调整的决定。

Discus 授权书 / 0033-08-11-00012352, 授权给 实践家教育集团
(c) Copyright 1995-2018 Axiom Internet Group Ltd.
(R) Discus is a registered trademark of Axiom Internet Group Ltd. (4.0.822)

discus® 1

团队报告模板的 **Discus** 团队报告

团队报告模板：简况速览

团队分析表

指示 沟通 稳定 效率

参与 专注 通融 随机应变

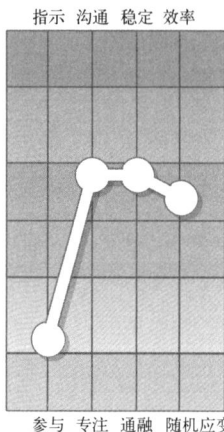

团队基本精神

■ 以开放而民主的方式做出决策。
■ 成员们会尽量避免错误。
■ 成员们在较长时程的工作中表现会比较好。

团队结构

这个团队制度上最重要的一个特质是他们对于决策制定的态度相当开放而民主，成员会比较喜欢一起讨论事情，每一个人都在参与讨论后才做出确切的结论。

这样通力合作的方式在时间不是很紧迫的情况会很成功，在做出明确决定前他们需要考虑到所有可行的路径。然而，在较为紧急的情况下，则可能因为需要花太多时间决定行动路线，或是解决紧迫的状况而降低了团队的效率。

作风卡团队总结

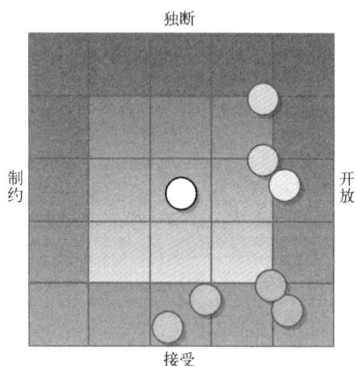

独断

制约 开放

接受

○ 周家：团队领导者

discus 2

团队报告模板的 **Discus** 团队报告

报告目录

团队分析

对团队及其结构的大体描述,关注于团队中普遍的动力特性和最重要的子因素。

团队角色分解

描述在团队中的所有团队角色,以及区分在每个类别中的个体成员。

领导能力分析

对团队领导者周女士的详细考察,考虑其在团队整体背景下特有的领导风格,以及可选的潜在领导者。

Discus 授权书 / 0033-08-11-00012352, 授权给 实践家教育集团
(c) Copyright 1995-2018 Axiom Internet Group Ltd.
(R) Discus is a registered trademark of Axiom Internet Group Ltd. (4.0.822)

discus 3

团队报告模板的 **Discus** 团队报告

团队分析

团队分析表

团队报告概述了团队的总体风格。这里显示的四个因素与一般的DISC图表中的四个因素相似并且相关。但与传统的DISC报告不同的是,团队报告也看重这些主要因素的对立面。

指示 沟通 稳定 效率

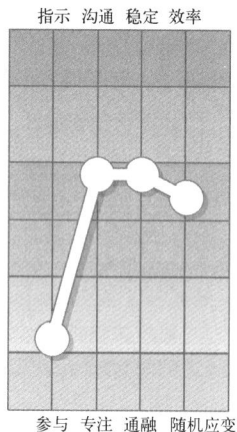

参与 专注 通融 随机应变

关键因子

指示	指示
沟通	沟通
稳定	稳定
效率	效率
参与	参与
专注	专注
通融	通融
随机应变	随机应变

团队作风	均衡 (开放)
颜色代码	●
领导	周家
成员	8
独特的关系	28
独特观点	56

团队结构

这个团队制度上最重要的一个特质是他们对于决策制定的态度相当开放而民主,成员会比较喜欢一起讨论事情,每一个人都在参与讨论后才做出确切的结论。

这样通力合作的方式在时间不是很紧迫的情况会很成功,在做出明确决定前他们需要考虑到所有可行的路径。然而,在较为紧急的情况下,则可能因为需要花太多时间决定行动路线,或是解决紧迫的状况而降低了团队的效率。

团队基本精神

- 以开放而民主的方式做出决策。
- 成员们会尽量避免错误。
- 成员们在较长时程的工作表现会比较好。

Discus 授权书 / 0033-08-11-00012352, 授权给 实践家教育集团
(c) Copyright 1995-2018 Axiom Internet Group Ltd.
(R) Discus is a registered trademark of Axiom Internet Group Ltd. (4.0.822)

AXIOM

díscus **4**

团队报告模板的 **Discus** 团队报告

团队分析

重要团队动力

■ 这个团队里有很多没有主见的成员,而这样的组合所可能产生的效应要视团队整体的整合情况而定。一旦队里其他较有魄力的成员能站出来,则这些较没主见的成员会倾向于跟随他们的领导,而变得很有效率。然而,当决策和方向不够明确时,这个团队可能会陷入一种缺乏刺激和原动力的状态。

■ 这个团队的成员自信心很突出,许多成员外向且善于表达的特质,会导致他们在团队中扮演主导性的角色,特别是当其他成员并未显示具有直率而具魄力的性格时。值得一提的是,这种自信是建立在人际关系上的,而一旦实际的问题产生时,有可能团队中其他较有组织观念的成员会表现得较为突出。

■ 这个团队的主要组合特色是独立作业的能力不强。如果要让这些成员对于团队运作的效率有所贡献,则提供他们方向、监督以及支持是非常重要的。

■ 这个团队同时包括了含蓄而不独断,以及开放而具高度表达能力的成员。这两种风格并不一定合不来,双方的整合成功与否往往在于彼此的相互尊重程度。尤其,如果这些较为含蓄的团员能够不去计较他们那些外向的同伴的沟通方式,而肯定他们的能力与技术的话,则彼此之间的互动应该会不错。

■ 在这个团队中看不到动力和活力,或者说至少有一大部分的成员缺乏这些特质。这些成员倾向于缓慢地(但往往是有效果地)朝团队目标努力,但他们都不喜欢冲突和摩擦,因为那一类的状况会对他们的动力有负面的影响。

Discus **5**

团队报告模板的 **Discus** 团队报告

团队分析

团队次因子

团队次因子是从团队报告中的因素计算得到的,揭示了在团队结构中的一些重要特性和倾向。

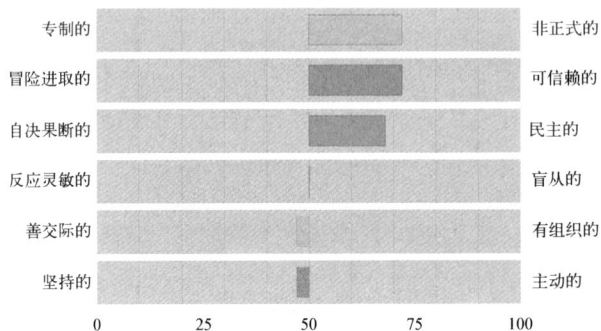

	0	25	50	75	100	
专制的						非正式的
冒险进取的						可信赖的
自决果断的						民主的
反应灵敏的						盲从的
善交际的						有组织的
坚持的						主动的

此团队中的重要次因子为**不拘形式**,**依赖性**和**民主型**。

■ 不拘形式

　"不拘形式"为次因子,说明该团队不论其内部或外在均不重视权威或结构。相反成员重视的是建立彼此间稳固的社会联结,以及愉快且开放的工作环境。

■ 依赖性

　"依赖性"在此意味着一致性与可预测性,此类型团队的成员偏好在稳定、既定的环境中工作,特别是无显著压力的环境。依赖型团队常会对革新有排拒的表现,然而,一旦当新的运作方式被接受,往往也会成为该团队文化的一部分。

■ 民主型

　民主型的团队强调团队整体的共同决策,而非单一个体的独断。成员会期望自己的看法和意见获得重视,并且成为团队整体运作的一部分。

discus 6

团队报告模板的 **Discus** 团队报告

团队分析

作风卡团队总结

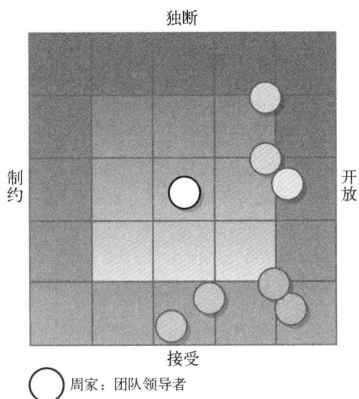

独断

制约　　　　　　　　　　　开放

接受

○ 周家: 团队领导者

"作风卡团队总结"提供个别团队成员作风的集体概览,和"作风卡"模式内的相对情况。

因为"作风卡"呈现个人作风的单一观点,可以用此方法查看团队成员作风的分布。

○ 周家: 团队领导者

discus 7

团队报告模板的 **Discus** 团队报告

团队角色分解

阐释者

花时间去理解问题并考察其对团队整体的隐含意义

- 寻求共识
- 协同团队成员的努力
- 组织团队

该类型的成员
- 申好

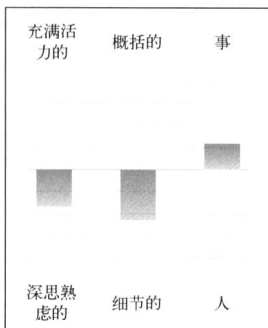

共鸣者

接受和考虑他人观点,花时间倾听他人的需要和想法

- 接受他人
- 考虑不同观点
- 倡导友善的环境

该类型的成员
- 王爽

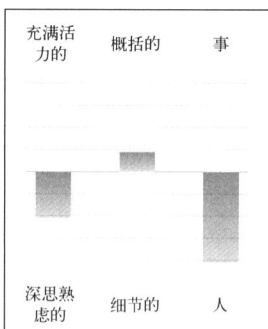

集思者

就宽泛的主题展开讨论,有助于使团队成员在理解上达成高度一致

- 产生讨论
- 建立社会联系
- 在宽泛的概念上探索

该类型的成员
- 贾如

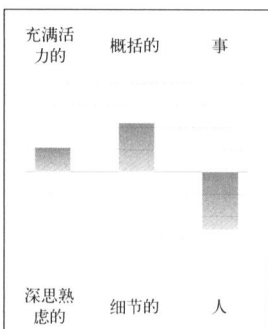

团队报告模板　角色

阐释者(1)
共鸣者(1)
集思者(1)
结案者(1)
均衡(1)
社交者(1)
思考者(2)

(次页继续)

discus 8

团队报告模板的 **Discus** 团队报告

团队角色分解

结案者

可靠地将项目成功完成, 鼓励团队保持聚焦及完成项目
- 组织团队
- 计划项目和事件
- 提倡持续到底地工作

该类型的成员
- 米方

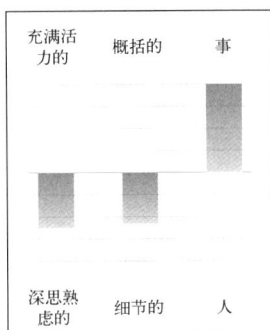

团队角色分解

均衡

在团队工作中未显示可明确定义的方式

该类型的成员
- 周家（团队领导）

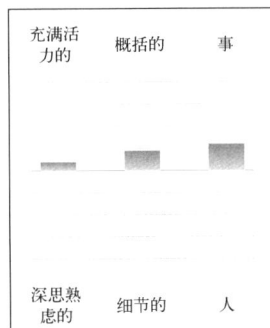

社交者

在主要社交层面与他人互动, 建立关系以及倡导非正式的方式
- 倡导友好的环境
- 热情地回应他人
- 帮助团队发展社交环境

该类型的成员
- 小雪

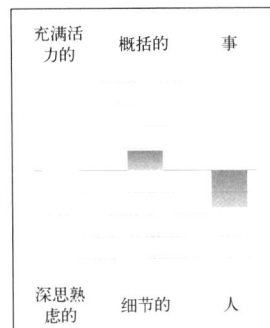

（次页继续）

discus 9

团队报告模板的 **Discus** 团队报告

团队角色分解

思考者

考虑团队成员之间的努力如何相互影响,对团队成绩和前途提供量化评估。

■ 吸收信息

■ 考虑过程

■ 提供意见

该类型的成员

■ 胡文

■ 张玲

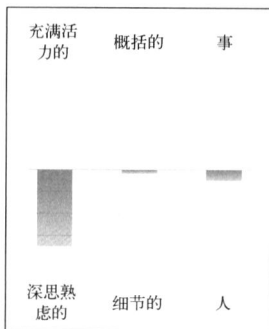

团队角色分解

discus 10

团队报告模板的 **Discus** 团队报告

领导能力分析

周家：一般领导作风

虽然家的行事态度的基本结构是具有坚定的人格特质、健全的组织技巧以及有魄力的行事态度，似乎显示她相当适合领导者的职位，但可惜这样的特质目前似乎尚未完全发挥出来。当有人呈现倾向于更独断型的作风时，经常可以发现其实这大半是因为缺乏个人责任感或是因她觉得她的决定受到阻挠。如果仔细研究这些可能产生的问题，必能为她的领导能力带来一些改善。

领导能力要求

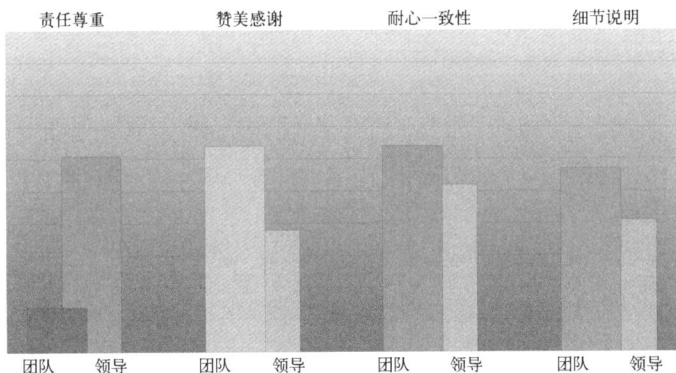

这幅图从四个重要领域比较团队中对领导力的期望。在每种情况下，用团队的需求水平对比作为领导者所能提供的最大限度。

在"团队"条明显高于"领导"条的地方，很有可能是团队感觉在该特定领域他们的期望无法被领导者完全满足。在"领导"条明显高于"团队"条的地方，表明该领导者过于关注了团队成员认为并不重要的领域。

discus 11

团队报告模板的 **Discus** 团队报告

领导能力分析

有领导潜力的应试者

在团队成员当中,这些成员可能会担任领导的职务。

■ 王爽

　　爽的领导风格的特色是轻松、开放以及友善。这特别会为团队营造出一个正面而舒服的工作环境,但是她有一点缺乏动力和野心,这一点可能会在团队的效率方面有所影响。

■ 贾如

　　如的自信而善于表达的作风会使她成为团队中一个受欢迎的成员。充满魅力而又辩才无碍,如有善于交际的特质,并且喜欢成为他人注意的焦点,尽管她的独立而不可预测性的特质会使得她并没有所想象的那么适合担任领导者。

discus 12

第十一节　学习笔记